HISTORIAS SECRETAS de la EDAD MEDIA

ROBIN BOOK

HISTORIAS SECRETAS de la EDAD MEDIA

swing

swing

UN SELLO DE EDICIONES ROBINBOOK
Indústria, 11 (Pol. Ind. Buvisa)
08329 - Teià (Barcelona)
e-mail: info@robinbook.com
www.robinbook.com

Diseño de cubierta: Regina Richling
Imagen de cubierta: pintura del cardenal Henri Beaufort (Paul Delaroche) / Brujas (Hans Baldung)
Diseño de interior: Cifra

ISBN: 978-84-96746-68-8

Depósito legal: B-7.999-2012

Impreso por Limpergraf, Mogoda, 29-31 (Can Salvatella) 08210 – Barberà del Vallès

Impreso en España - *Printed in Spain*

Índice

«Me conmovió el contraste que existe entre la grandeza y hermosura de las catedrales medievales y la vida de escasez, miseria y suciedad que les tocó vivir a los habitantes de esa época.»

Ken Follett

Prólogo

¿Qué hizo posible la erección de las magníficas y avanzadas catedrales góticas en una época como la Edad Media, considerada primitiva y oscura? ¿Qué intereses políticos y conjuras eclesiásticas impulsaron su construcción? ¿Qué papel jugaron las intrigas palaciegas medievales? ¿Fueron esas enigmáticas catedrales monumentos simbólicos de sectas ancestrales? ¿Quiénes guardaban los secretos constructivos de su sorprendente armonía y equilibrio? ¿Cómo influyeron en el desarrollo de las ciudades y en la vida cotidiana de los campesinos? Y, finalmente, ¿Qué mensajes crípticos se ocultan aún en sus rincones y sus ornamentos?

Estos misterios, y otros semejantes, subyacen en la trama de dos exitosas novelas dedicadas a la baja Edad Media y sus catedrales, escritas por el autor británico Ken Follet: *Los pilares de la Tierra* y *Un mundo sin fin*. Ambos libros, publicados con una diferencia de 18 años (1989 y 2007), son extensos volúmenes de más de mil páginas, que no obstante esa desusada extensión atraen y mantienen el interés del lector. Follet, que era ya un reconocido autor de superventas de acción, intriga y suspense, dejó esa temática de seguros resultados para arriesgarse a cambiar de registro, elaborando una apasionante saga medieval en dos partes. Su incursión histórica se inicia con

Los pilares de la Tierra, que transcurre en la Inglaterra de la segunda mitad del siglo XII, y se retoma en el mismo lugar 153 años más tarde, cuando comienza *Un mundo sin fin*. En realidad ésta no es exactamente una continuación de la anterior, ya que el siglo y medio transcurrido supone el paso de cinco o seis generaciones, lo que hace imposible volver a los mismos personajes o a sus descendientes inmediatos. En lo que sí coinciden ambos relatos es en el escenario, la ciudad imaginaria de Kingsbridge, en el centro de Inglaterra; y en el hecho, sin mayor importancia narrativa, de que los protagonistas de la segunda novela tienen como ancestros a algunos personajes de la primera.

Con ese salto en el tiempo Ken Follet consigue adentrarse en una etapa distinta de la Edad Media, más tenebrosa y dramática que el mundo progresista y sin grandes penurias que describe en *Los pilares de la Tierra*. El siglo XIV, con continuos conflictos, escasez, epidemias, la Guerra de los Cien Años o el terrible azote de la peste negra, le permite completar un amplio claroscuro medieval, con sus luces y sombras y su fatalismo sobre la vida y la muerte.

Un legado oculto

Tanto *Los pilares de la Tierra* como *Un mundo sin fin* son obras de ficción. El autor nos narra hechos imaginarios de protagonistas de su invención, aunque apoyándose en varios acontecimientos históricos y ciertos personajes reales de la época. En su trayectoria y su estilo como escritor de best sellers, Ken Follett adhiere a relatos de acción, intrigas, heroísmo, pasiones y traiciones, que también abundan en su saga medieval. No está obligado a dar cuenta de los enigmas subyacentes en la construcción de las catedrales, que se plantean al principio de este prólogo, ni a entrar en los componentes esotéricos que impregnan esa época, o a llevar sus descripciones y explicaciones históricas y sociales más allá de lo necesario para la comprensión de sus complejas tramas narrativas.

El objetivo del presente libro es, como indica su título, ir *«Más allá…»* de las obras de Follet, con la exclusiva intención de completar y enriquecer el conocimiento del lector sobre la época en que surgieron las catedrales góticas que dan pie a las apasionantes ficciones del novelista británico. Intentamos desvelar los misterios que esconden esos extraordinarios templos verticales y los enigmas que rodearon su construcción. Ésta tuvo lugar en un ámbito y un tiempo determinados, por lo que en estas páginas se describen asimismo aspectos tales como la injusta estructura del régimen feudal, la función hermética de las sociedades secretas, las miserias y alegrías de la vida cotidiana, las supersticiones demoníacas, el poder abusivo de los obispos y abades, las prácticas de la brujería y su persecución, los secretos de la vida monacal, la cruel cruzada contra los cátaros, el auge y declive de los templarios, y el horror de plagas como la hambruna y la peste negra.

Sólo adentrándonos en todos y cada uno de esos elementos que caracterizaron aquella época, a la vez miserable y sublime, podremos comprender las razones visibles e invisibles de la aparición de las catedrales góticas, y de su importancia en el mundo mágico e intenso de aquellos siglos llamados oscuros. Este libro trata a esas magnas construcciones que apuntan al cielo no sólo como iglesias cristianas, sino como símbolo y clave del enigmático legado que aún hoy sigue ocultando el Medioevo.

En torno a *Los pilares de la Tierra*

La primera obra de Ken Follett sobre las catedrales medievales, publicada en español en 1990, fue en los 17 años transcurridos desde entonces «la novela más leída en España», con una venta de 5.500.000 ejemplares según cifras dadas a conocer recientemente por el Gremio de Editores. Pese a ese impresionante éxito, es probable que haya entre nuestros lectores quienes no leyeron *Los pilares de la Tierra*, o que habiéndola leído, deseen refrescar algunos aspectos o detalles de su contenido. En ambos casos puede resultar útil este apartado previo, donde se resumen los acontecimientos históricos de la época y se ofrece un esquema de la trama de la novela.

El marco histórico

La novela de Ken Follett está estrechamente ligada a los acontecimientos históricos de esa época. Es decir, a los turbulentos años en que los condes de Anjou consiguen ocupar el trono inglés y fundan la dinastía Plantagenet, que tendría gran influencia en el espíritu medieval de la caballería andante y en la aventura mística de las cruzadas. En los primeros años del siglo XII, la casa de Anjou, en la cumbre de su poder, poseía también los condados de Maine y Turena, así como la importante ciudad de Tours. En 1128 el conde Godofredo, apodado «Plantagenet» (patas anchas) por sus grandes pies, contrajo matrimonio con Maud de Beauclerc, que a sus 23 años había enviudado del emperador germánico Enrique V. La ex emperatriz y nueva condesa era hija del rey de Inglaterra Enrique I, y segunda en la línea de sucesión al trono inglés.

Follett sitúa el comienzo de su saga en 1135, que fue también el año del fallecimiento del monarca inglés Enrique I. Su hijo mayor había muerto poco antes, por lo que Maud era la heredera más directa y se dispuso a ocupar el trono vacante.

Una parte de la nobleza y el clero se resistía a coronar a una mujer que, además, estaba casada con el titular de la casa de Anjou, tradicional rival de la dinastía normanda reinante. Un primo de Maud, Stephen de Blois, que gozaba de cierto apoyo en la Corte, aprovechó ese momento de confusión y se apresuró a proclamarse rey, arguyendo que también él era nieto de Guillermo el Conquistador. Ante esa inesperada situación, Maud pidió ayuda a su tío materno, el rey David I de Escocia, quien atravesó la frontera en 1138 en un intento de invasión que fue rechazado por las tropas del usurpador.

Stephen se sintió más fuerte tras este triunfo, y cometió algunos errores y excesos que molestaron a la nobleza. Maud, dispuesta a recuperar su corona, recurrió a su hermano bastardo Robert de Gloucester. Éste consiguió algunos éxitos importantes pero ninguna victoria decisiva, e Inglaterra atravesó varios años de guerra civil durante los que coexistieron dos soberanos rivales.

Por eso en *Los pilares de la Tierra* se habla en forma alternativa del rey Stephen o de la reina Maud, según quién toma la palabra o el momento en que se produce el diálogo.

El 2 de febrero de 1141, la suerte se volcó a favor de Robert de Gloucester, que derrotó al rey Stephen de Blois y lo mantuvo prisionero en Bristol. Maud se dirigió a Londres para tomar el poder, pero no se atrevió a ceñir la corona, y se dio a sí misma el título de «Señora de los ingleses», hasta fortalecer su posición en el resto del reino. Pero la conducta arbitraria de su consorte, Godofredo Plantagenet, pronto le granjeó la animadversión popular y de poderosos personajes enemigos en la Corte.

En septiembre del mismo año, la «Señora» se retiró prudentemente a Oxford, al tiempo que los partidarios de Stephen conseguían apresar a Robert de Gloucester. Entonces, Maud se vio obligada a intercambiar la libertad de su hermano por la del rey, quien se apresuró a recuperar el trono y poner sitio al castillo de Oxford.

Dice la leyenda que Maud evitó caer en manos de su primo Stephen huyendo sola, sin escolta alguna, en medio de la noche y atravesando a pie el Támesis helado bajo una terrible tormenta de nieve. Robert de Gloucester murió poco después y Maud se retiró definitivamente a las posesiones francesas de su marido en Anjou. Allí se dedicó a la formación del futuro vengador: su hijo primogénito, el futuro rey Enrique II Plantagenet.

Cuando Enrique cumplió veinte años, en 1153, Inglaterra estaba sumida en el caos. El rey Stephen, enfermo y desesperado por la muerte de su heredero el príncipe Eustaquio, había perdido totalmente el control del reino. El joven Plantagenet, conde de Anjou desde 1151, invadió la isla y se apoderó del moribundo soberano, obligándolo a que lo designara su sucesor. Ascendió al trono al año siguiente como Enrique II de Inglaterra, y contrajo matrimonio con su poderosa vecina francesa, la duquesa Leonor de Aquitania. Con esta unión, la real pareja pasó a reinar sobre un extenso territorio que iba desde la muralla de Adriano, en la frontera escocesa, hasta las faldas de los Pirineos atlánticos.

Enrique II fue un rey popular y combativo, aunque, en 1163, en su intento por recortar los privilegios eclesiásticos, chocó con su antiguo canciller y amigo Tomás Becket, que entonces era arzobispo de Canterbury. El enfrentamiento fue irreconciliable, y terminó en 1170 con el asesinato del prelado en su propia catedral, según parece por orden del monarca.

Las últimas páginas de *Los pilares de la Tierra* transcurren en 1174, año en que el pontífice Alejandro III consagró la canonización de santo Tomás Becket. Enrique II Plantagenet murió en 1189, tras padecer duros enfrentamientos con su hijo y sucesor Ricardo I, apodado «Corazón de León».

La trama argumental

Los pilares de la Tierra transcurre en Inglaterra, entre 1135 y 1174. Comienza con un prólogo ambientado en 1123 que describe el ahorcamiento de un hombre, y luego salta a la historia propiamente dicha. La trama resumida de las partes es como sigue.

Parte I (1135-1136)

Presenta al personaje principal, el modesto albañil Tom, que ha trabajado en la construcción de varias catedrales, aunque esa vida itinerante no es del agrado de su mujer, Agnes, que está embarazada. En ese momento, Tom y su hijo Alfred, de 14 años, están construyendo una casa para William Hamleigh hijo del señor del lugar, que espera casarse con Aliena, hija de lord Bartholomew Shiring. Pero Aliena rechaza la oferta, y William, furioso, decide parar las obras.

Tom, Agnes, Alfred y Martha, la hija pequeña, abandonan el lugar en busca de un nuevo trabajo. Después de varias peripecias se encuentran con una extraña mujer, Ellen, acompañada de su hijo Jack, un niño casi salvaje. Tom y los suyos siguen su camino. Poco después, Agnes muere en el parto de su bebé, que Tom abandona por no tener con qué alimentarlo. Enseguida se arrepiente, vuelve a buscarlo y se reencuentra con Ellen, que ha visto a unos monjes de Kingsbridge llevándose al niño. Tom decide que éste crecerá bien cuidado en el monasterio, y propone a Ellen que sea su mujer. Tom consigue finalmente trabajo en las obras de reparación de las murallas del castillo de lord Shiring, que en esos momentos se había unido a Robert de Gloucester, hermanastro de la reina Maud, en una rebelión contra el rey Stephen, usurpador del trono con la ayuda de ciertos nobles y el apoyo de la Iglesia. Philip de Gwynedd, joven prior de un pequeño monasterio cercano, se entera de la conjura e informa de ella al ambicioso Waleran Bigod, archidiácono de la diócesis, que le hace una propuesta de intercambiar favores: Waleran propondrá a Philip como prior del importante monasterio de Kingsbridge, a cambio de que Philip lo apoye como candidato a suceder al obispo, que acaba de morir. Informado por Waleran, lord Hamleigh ataca por sorpresa el castillo de Shiring y desbarata la rebelión, con lo cual venga el desplante de Aliena a su hijo, gana prestigio en la Iglesia y hace deudor de un gran favor al rey Stephen.

Tom se ha quedado una vez más sin trabajo y se dirige al monasterio de Kingsbridge para ver a su niño, que ha sido bautizado como Jonathan, y para intentar que el nuevo prior le ofrezca algún encargo. Pero Philip le dice que no tiene dinero para obras, ni necesidad de emprender ninguna por el momento. Esa noche, Jack, el hijo de Ellen, prende fuego a la iglesia del monasterio, que queda reducida a cenizas. Nadie descubre al incendiario.

Parte II (1136-1137)

Tom traza los planos de la gran iglesia de sus sueños y consigue entusiasmar al prior Philip. Éste pide a Waleran que obtenga del rey Stephen una fuerte donación para levantar una catedral, en retribución de su deuda con

ellos. Tom recibe el encargo con entusiasmo, ya que por fin podrá erigir su propia catedral.

Pero la presencia de Ellen no es bien recibida en Kingsbridge. El monje Remigio, que había aspirado al puesto de prior, comienza a intrigar junto a Waleran contra la pecadora que convive con el arquitecto sin estar casados. Ellen es acusada de fornicadora y condenada a alejarse por un año y vivir en castidad. Se produce entonces una insidiosa disputa entre el obispo Waleran y lord Percy Hamleigh, en la que ambos pretenden obtener del rey la cesión del castillo y las tierras de lord Shiring, que había sido desposeído y encarcelado. Finalmente, Philip es quien encuentra una solución razonable: el priorato se quedará con la cantera y el bosque (que proveerían de piedras y madera a las obras de la catedral), mientras lord Percy tendría el castillo y las tierras de cultivo. Por una casualidad, Philip conoce a los hijos del conde Shiring, Aliena y su hermano menor Richard, que se ocultan en el castillo junto a un fiel mayordomo.

También William Hamleigh se entera del escondite de los jóvenes, y una noche se presenta con su escudero. En una terrible escena matan al mayordomo, golpean cruelmente a Richard, y ambos violan a la adolescente Aliena. Los dos hermanos huyen y consiguen visitar a su padre en la prisión. El conde les da las señas de un monje al que ha dejado dinero para ellos, y hace jurar a Aliena que cuidará de Richard y no descansará hasta recuperar el condado de Shiring. Con el dinero, Aliena compra lana a un campesino para venderla en la ciudad, pero por ser mujer y muy joven le ofrecen precios irrisorios. El prior Philip se encuentra en el mercado y compra toda la lana de Aliena, que gracias a él podrá seguir dedicándose a ese negocio para su manutención y la de Richard.

Parte III (1140-1142)

William Hamleigh está combatiendo a favor del rey Stephen en la guerra de sucesión. Durante un alto en los combates visita con sus hombres un lupanar, donde un mensajero le informa de la muerte de su padre. El rey le encomienda la custodia del condado de Shiring, pero no el título y las tierras como él esperaba. Enfurecido, arrasa con su tropa las aldeas, asesinando y violando a las gentes, hasta llegar a Kingsbridge. Allí destroza el pueblo y el mercado, apoderándose además de la cantera. Philip va a Lincoln a ver al rey, acompañado de Richard, para protestar por esos abusos. Pero llegan en mal momento, ya que William es uno de los capitanes de Stephen, que se prepara para la batalla decisiva contra Gloucester. También está allí Waleran, para ofrecer el apoyo de la Iglesia. Richard decide sumarse al ejército realista. En el transcurso de la batalla de Lincoln, el rey Stephen es derribado y hecho prisionero junto a sus jefes y asesores, excepto Waleran que huye. También Philip va a prisión, pero su hermano Francis, también monje y asesor de la reina Maud, obtiene su libertad. William Hamleigh se pasa rápidamente de bando, y consigue que la soberana le ceda la cantera de Shiring.

Philip lleva a Francis a visitar Kingsbridge. Allí, Jack se ha enterado de que su padre era un juglar francés que fue ahorcado por ladrón (alusión a la escena del prólogo), al tiempo que compite con Alfred, el hijo de Tom, por el amor de la bellísima Aliena. Ambos tienen una dura pelea y Philip decide llevarse a Jack como ayudante, para mantenerlos separados. En otra brutal demostración de fuerza, William invade Kingsbridge y prende fuego a la inconclusa catedral. Tom muere durante el incendio, en un desperado intento por salvar su obra.

Parte IV (1142-1145)

Alfred, ahora jefe de familia y arquitecto de la Catedral de Kingsbridge, ofrece matrimonio a Aliena, que lo acepta para asegurar el futuro de Richard, según la palabra dada a su padre. Pero ella ama realmente a Jack, que despechado ha decidido marcharse para conocer las nuevas catedrales de Europa continental. Ambos se confiesan sus sentimientos y hacen el amor por primera vez. La boda de Alfred y Aliena se celebra con gran fasto, pero aparece Ellen con un gallo degollado y pronuncia una terrible maldición. Esa noche, Alfred no puede consumar el coito, e insulta y golpea a Aliena acusándola de su impotencia. En adelante la obliga a dormir en un jergón a los pies de su cama. Pasado un tiempo, ella advierte que está embarazada, y sabe que el niño sólo puede ser de Jack. Poco después se inaugura el presbiterio que ha concluido Alfred, pero toda la obra se derrumba en medio de la ceremonia. El prior Philip decide que ya no habrá catedral, y Alfred, resentido, abandona Kingsbridge.

Mientras tanto, Jack ha admirado en España las catedrales de Santiago de Compostela y Burgos, y se dispone a seguir a Francia para ver la de San Denis. Durante el trayecto conoce a un sarraceno, que le da una virgen de madera con un mecanismo que le hace verter lágrimas. Aliena da a luz a su bebé, bautizado como Tommy, y parte con él en busca de Jack. Al llegar a España le dicen que éste ya se ha marchado y que debe estar en París. Finalmente se encuentran y vuelven a Kingsbridge llevando la virgen de las lágrimas. Jack acepta el encargo de volver a reconstruir la catedral para Philip, que le exige iniciar el proceso de anulación del matrimonio de Aliena con Alfred, por no haber sido consumado. Hasta que se resuelva el caso podrán verse, pero no dormir juntos. Una vez más aparece William dispuesto a arrasar con todo, pero Jack lo derriba del caballo con una honda y sus esbirros se lo llevan en retirada.

PARTE V (1152-1155)

Jack demuestra su talento como arquitecto aplicando las nuevas ideas que ha visto en su viaje y corrigiendo los errores de Alfred. Un día este aparece de pronto y le pide humildemente trabajo. Discuten y Jack acaba aceptándolo, en memoria de Tom. Kingsbridge es ya una verdadera ciudad y tiene un activo mercado, pero una noche se desata una tremenda tempestad que arruina las cosechas, sometiendo la región a la hambruna y la miseria. Philip decide interrumpir las obras para dedicar los escasos fondos que le quedan a paliar en lo posible esa situación. Pero los albañiles van a la huelga reclamando la paga doble que exige el gremio en esos casos. El líder de la rebelión es Alfred, que se lleva a los trabajadores para construir en Shiring la catedral que le ha pedido el obispo Waleran.

Los destrozos de William y el hambre reinante han llevado a muchos hombres desesperados a vivir en el bosque como proscritos. Jack se entera de que un centenar de ellos se dirigen a Kingsbridge para asaltarlos, y consigue levantar en un día una muralla protectora. Richard rechaza a los proscritos y luego los convence de formar parte de su propio ejército. Llega entonces Francis, el hermano de Philip, que trae de Francia un mensaje de Henry, el primogénito de la ex reina Maud (que será el famoso Enrique II). Decidido a aprovechar la debilidad de Stephen por la súbita muerte de su hijo y heredero, Henry se dispone a invadir Inglaterra reclamando sus derechos sucesorios. Francis le está procurando apoyos sobre el terreno, y Richard decide unirse a la invasión con su pequeño ejército. Henry obtiene un rápido triunfo, y aunque no destrona a Stephen, lo obliga a reconocerlo como sucesor.

Richard ha luchado con valor junto a Henry, y éste consigue que sea proclamado como legítimo conde de Shiring. De esta forma, Aliena se siente liberada de su juramento, y dueña por primera vez de su destino. La anulación de su matrimonio aún no se ha resuelto y, aunque ella ama a Jack, está harta de la castidad forzosa en que viven. Entonces aparece Alfred y en un rapto de lujuria intenta violar a Aliena; pero Richard irrumpe en la escena y lo mata. Aliena es viuda y libre para unirse definitivamente a Jack en una boda que se celebra por todo lo alto, mientras Richard, perseguido por su crimen, huye a Tierra Santa para ponerse al servicio del rey Balduino de Jerusalén en su lucha contra los musulmanes.

PARTE VI (1170-1174)

Han pasado otros quince años, y los niños de entonces son ya jóvenes prometedores: Tommy, como escudero y futuro caballero, su hermana Sally, como excelente ayudante de Jack en las obras, y Jonathan, el bebé recogido por los monjes, como flamante subprior de Philip en el monasterio. Todo el pueblo celebra por fin la inauguración de la espléndida Catedral de Kingsbridge, pero Waleran y William, incansables en su odio y su resentimiento, se confabulan para acusar a Philip de ser el padre de Jonathan. La Iglesia pasa por momentos turbulentos a causa del conflicto entre Tomás Becket,

arzobispo de Canterbury, y su ex amigo el rey Enrique II. Los obispos toman en serio la acusación contra Philip, pero Jack busca a su madre en el bosque y la convence de que testimonie que Jonathan era hijo de Tom y Agnes. El alivio de Philip no dura mucho, porque el rey propone a Waleran como prelado de la importante diócesis de Lincoln. Philip decide pedir la intercesión de Becket, la mayor autoridad de la Iglesia en Inglaterra. Le toca así presenciar el asesinato del arzobispo por los hombres del rey, entre los que se cuenta William Hamleigh.

Philip promueve una campaña popular que reclama el castigo de los culpables. William es apresado y ahorcado, mientras Aliena presencia de incógnito la ejecución. Richard ha muerto en Tierra Santa y Tommy será el nuevo conde de Shiring. En el ínterin, el martirio de Tomás Becket ha conmovido a toda la Cristiandad, y el Papa consagra su santidad con sorprendente rapidez. El rey Henry proclama su arrepentimiento, y a Philip le toca presidir la ceremonia de castigo público del rey.

La historia que comenzó con la ejecución de un juglar inocente termina así con la humillación de un monarca soberbio.

Acontecimientos en el interregno

El relato de *Los pilares de la Tierra* finaliza en 1174, durante el reinado de Enrique II, de la dinastía Plantagenet. La ciudad imaginaria de Kingsbridge, así como sus habitantes, permanecerán en un prolongado hiato narrativo, hasta que Follett decida despertarlos en 1327 para protagonizar *Un mundo sin fin*. Pero en ese siglo y medio que se salta nuestro autor, la historia de Inglaterra no se detuvo. Por el contrario, se sucedieron varios importantes acontecimientos, que influyeron en el destino y las circunstancias de los protagonistas de su nueva obra. Para una mejor comprensión de ésta, ofrecemos a seguir un breve resumen de los hechos ocurridos en ese intervalo.

Enrique II fue el primer soberano de la dinastía Plantagenet, también llamada angevina o anjouvina, por provenir del ducado francés de Anjou. Su boda con Leonor de Aquitania en 1152 convirtió al poderoso matrimonio en señores de Normandía, Anjou, Aquitania y Gascuña, o sea toda la Francia occidental desde los Pirineos al Canal de la Mancha, un territorio mayor que el que pertenecía a la Corona francesa. Al año siguiente Enrique cruzó la frontera marítima para reclamar sus derechos a la corona de Inglaterra, por ser hijo de la emperatriz Matilda, única heredera de Enrique I. Derrotó al soberano reinante, Esteban I (el rey Stephen de *Los pilares de la Tierra*) en la decisiva batalla de Wallingford, tras la cual el vencido firmó un acuerdo por el que designaba a Enrique de Anjou su sucesor.

Tras la muerte de Esteban I en 1154, Enrique y Leonor ocuparon el trono inglés, iniciando una época próspera y ordenada en la que se reprimió el poder abusivo de los barones, favorecidos en la época de Esteban. El gran mérito del monarca angovino fue asentar los primeros cimientos de la justicia británica, establecidos en 1164 por las Constituciones de Clarendon, que sentaron las bases de lo que luego fue la *Common Law* (Ley Común), y de los juicios con jurado, celebrados en las Cortes Criminales de Clarendon y Northampton.

En el buen gobierno de Enrique II tuvo una capital influencia su canciller, el clérigo Thomas Becket, hombre honesto con un recto sentido de la equidad y de la justicia. Nacido en Ruán y por lo tanto normando como el rey, estableció con éste una estrecha camaradería. Pero Enrique no veía con buenos ojos el creciente poder autónomo de la Iglesia, que amenazaba al suyo propio al ponerse al margen de sus ordenanzas y sus impuestos. Reclamó entonces la máxima jefatura de la jerarquía eclesiástica, apoyándose en una antigua ley de los reyes normandos. El propio monarca había hecho designar a Becket Arzobispo de Canterbury, pese a la oposición de la mayor parte de los prelados ingleses, que lo consideraban un cómplice de Enrique en su conflicto con la Iglesia. Pero Thomas puso su obligación diocesana por encima de su estrecha amistad con el soberano, cuyos designios enfrentó con inesperada firmeza.

El contencioso entre la Corona y la Iglesia, o sea entre Enrique y Thomas, parecía no tener fin. Ninguno de los dos daba su brazo a torcer, lo que provocaba el deterioro de la imagen del rey y el creciente prestigio popular del arzobispo. Se dice que un día Enrique, harto de la tenaz resistencia del prelado, exclamó ante varios cortesanos: «¿Es que nadie me va a librar de este clérigo turbulento?». Días después de esas navidades, en la noche del 29 de diciembre de 1170, cuatro caballeros embozados entraron en la Catedral de Canterbury y asesinaron a puñaladas a Thomas Becket.

Abrumado por la culpa Enrique II cayó en un estado depresivo que hizo menguar su autoridad y produjo el rechazo de sus súbditos. Por su parte la reina Leonor, con el rencor de una madurez abandonada, en 1773 azuzó contra su padre a tres de los cinco hijos varones del rey. Godofredo Plantagenet, bastardo legitimado por Enrique, se negó a enfrentarlo y le siguió fiel como canciller del reino. Fue entonces Ricardo quien empuñó el estandarte de su madre, que le correspondió cediéndole sus ducados en Francia. Tras algunos enfrentamientos armados entre ambos, el rey venció a su hijo y le concedió su perdón, mientras enviaba a Leonor a un encierro que duraría quince años, hasta la muerte de Enrique en 1189. Se inicia entonces el reinado de Ricardo I, más famoso por su apodo de «Corazón de león» o *Lionheart*, con el apoyo de su madre liberada y de su hermano menor Juan, llamado «Sin tierra», porque no la tenía.

Poco después de subir al trono Ricardo se embarcó junto a Felipe Augusto de Francia en la tercera Cruzada, que resultaría un fiasco memorable. Juan Sin Tierra asumió el gobierno como regente, bajo la siempre severa vigilancia de su madre. En líneas generales realizó un buen gobierno, lastrado por los enormes gastos que consumía Ricardo en Tierra Santa. Ese drenaje obligó a Juan a ciertos excesos recaudatorios, que dieron lugar a la célebre leyenda de Robin Hood (que en caso de haber existido fue un simple bandolero, al que nunca se le hubiera ocurrido distribuir su botín entre los necesitados). Como pasaba el tiempo y su hermano no volvía, Juan se proclamó rey. Técnicamente fue una usurpación pura y dura, en tanto se sabía que Ricardo estaba vivo. El monarca inglés había mantenido una larga guerra de posiciones con el hábil Sultán Saladino, en la que ambos tomaban, perdían y volvían a recuperar ciudades y territorios palestinos. La batalla final se libró en las afueras de Jaffa en agosto de 1192, y pese a su inferioridad numérica Ricardo resultó vencedor. En el tratado de paz firmado por ambos contendientes Saladino conservaba la ciudad de Jerusalén, cuya conquista era el principal objetivo de la cruzada, a cambio de un supuesto libre paso para los peregrinos cristianos.

Ricardo Corazón de León había ganado la guerra pero perdido la paz. Para más males, durante el viaje de regreso en 1194 se detuvo en una posada cerca de Viena, donde fue tomado prisionero por el duque Leopoldo de Austria, resentido por el mal trato que el inglés le había dado en Acre. El captor acabó entregando su presa al emperador germánico Enrique IV, viejo adversario de Inglaterra, que reclamó por el rescate la exagerada suma de 150.000 marcos. El rey Juan, aun sabiendo lo que le esperaba, apretó a sus recaudadores con la esperanza de poder pagar la libertad de su hermano. Pero según se cree fue Leonor la que puso la mayor parte del dinero necesario. La anciana señora, con 72 años a cuestas, viajó personalmente a entregar el rescate y asegurarse de que el emperador dejaba libre a su hijo. Ricardo perdonó a su hermano usurpador, quizás en honor al perdón que le otorgara a él su padre, y murió guerreando en Francia en 1199.

Le sucedió su hermano Juan Sin Tierra, ahora en un reinado legítimo, que produjo los primeros tambaleos de la monarquía autoritaria y centralista. Los nobles ingleses habían fortalecido su poder aprovechando la ausencia de Ricardo y las debilidades de la regencia. Juan I, que era un mal guerrero y un pésimo estratega, acabó perdiendo los dominios franceses por los que había muerto su hermano, y debía arreglárselas para gobernar con escasa autoridad y unas arcas exhaustas. La presión de la alta aristocracia y la nobleza rural lo obligó en 1215 a aceptar una Carta Magna, que limitaba el poder de la Corona. El rey Juan se resistió a poner en práctica lo que había firmado, y consiguió que la Carta fuera rechazada y anulada por el pontífice Inocencio III. No obstante, los poderosos nobles volvieron a poner su normativa en vigor a la muerte de Juan en 1216, aprovechando que su hijo y sucesor Enrique III era todavía un niño.

Tampoco Enrique III se lució demasiado como soberano. Acabó de perder los territorios franceses y se puso bajo la protección de la Santa Sede. Tal fue su debilidad e inoperancia, que finalmente la nobleza, liderada por Simón de Monfort, lo quitó del trono. Siguió entonces una confusa etapa en la que Monfort asumió el poder como senescal y en 1265 convocó un nuevo Parlamento, incluyendo a representantes de la baja nobleza, el clero, y las principales ciudades y puertos. Pero en ese mismo año el senescal usurpador fue derrotado y muerto en combate por el príncipe heredero Eduardo. El restaurado Enrique III anuló de un plumazo el innovador Parlamento.

Sobrevino entonces lo que se podría denominar la «era de los tres Eduardos», sucesivos y sucesorios de padre a hijo. Eduardo I ascendió al trono a la muerte de su progenitor, Enrique III, en 1272. Por entonces llevaba ya 15 años felizmente casado con la española Leonor de Castilla, esposa amante y fiel donde las haya, que lo acompañó en todas sus batallas y aún tuvo tiempo de darle quince hijos. Ese mismo año la pareja reinante lució sus dotes guerreras en la Séptima Cruzada, y en 1301 derrotaron a Lewellyn de Gales, anexando definitivamente ese territorio a Inglaterra. En celebración de ese triunfo decidieron dotar con el título de príncipe de Gales a su primogénito, que obviamente se llamaba Eduardo. Éste sucedió a su padre en 1307, y pronto se mostró como un rey indeciso y de carácter débil, que debió reforzar el Parlamento para sofrenar las ambiciones de la impenitente nobleza. Eduardo II, en prenda de la paz firmada con el rey francés Felipe el Hermoso, había tomado en matrimonio a Isabel de Francia, apodada no sin motivo «La loba». Esta señora odiaba la flaqueza de su real marido, y se dedicó a denostarlo e intrigar contra él en todo lo que pudo. Por

ejemplo, aceptando y difundiendo la presunta homosexualidad del monarca, pese a que éste le había proporcionado cuatro hijos. Finalmente la insidia de la reina loba obtuvo su propósito, instigando una conjura palaciega que obligó a Eduardo a abdicar en la persona del príncipe de Gales, su hijo y heredero homónimo.

Eduardo III ciñó la corona de Inglaterra en enero de 1327, y el 1 de noviembre reapareció en algún lugar de su reino la ciudad imaginaria de Kingsbridge, con su catedral, su puente y sus pobladores, cuyo mundo de ficción según parece no tendrá todavía fin.

En torno a *Un mundo sin fin*

El tema, la estructura y la trama de *Un mundo sin fin* repiten los recursos de *Los pilares de la Tierra*, al punto de anunciarse como una continuación de ésta. Hemos explicado antes por qué no puede considerarse como una «segunda parte» desde el punto de vista argumental, aunque sí como la «segunda vez» que dentro de su obra Ken Follett incursiona en el Medioevo. El lugar es el mismo, el centro lanero de Kinsbridge, así como la catedral gótica que lo preside; y los personajes y sus problemas son semejantes. El autor despliega y entremezcla con parecida habilidad situaciones dramáticas, divertidas, pasionales, bélicas, y sexuales, en un relato intenso que no se da respiro a sí mismo ni al lector.

La primera edición de *Un mundo sin fin* la presentó Mondadori en italiano (*Mondo senza Fine*) el 18 de septiembre de 2007. Las ediciones en inglés (*World Without End*) se publicaron respectivamente por Macmillan, para el Reino Unido, Australia, Sudáfrica y Dubai, el 4 de octubre; y el día 9 por Penguin para Estados Unidos y Canadá, alcanzando esa misma noche el primer puesto en la lista de best sellers. La edición holandesa (*Drug naar de Hemel*) salió a la venta el 20 de octubre con similares resultados. El 28 de diciembre se publicaron conjuntamente las ediciones en español y en catalán (*Un món sense fi*), que alcanzaron rápidamente el núm. 1 entre los libros más vendidos en ambas lenguas*.

No es difícil augurar que esta extensa novela tendrá tanto o más éxito que su predecesora, y sin duda ambas juntas forman la mayor saga que se haya dedicado a las catedrales góticas y a su época dentro de la narrativa de ficción.

El marco histórico

Eduardo III ciñó la corona de Inglaterra en 1327, y al año siguiente falleció el rey de Francia Carlos IV, sin dejar descendencia. Eduardo era sobrino del monarca difunto, por lo que le correspondía cierto derecho sucesorio, que no vaciló en reclamar. Pero la vieja enemistad entre Inglaterra y Francia estaba demasiado presente como para que los franceses aceptaran sentar en su trono al soberano inglés. El escogido fue Felipe de Valois, primo de Carlos IV, que tras una breve regencia fue coronado como Felipe VI.

Eduardo no tuvo casi tiempo de protestar, pues en 1331 estalló la guerra civil escocesa entre David II, hijo del célebre libertador Roberto Bruce, y el pretendiente Eduardo de Balliol. El rey inglés, aún con la sangre en el ojo por la rebeldía independentista de Bruce, tomó partido por Balliol, invadió el país vecino y derrotó a David en la batalla de Halidon Hill, en junio de 1333. El rey vencido consiguió refugiarse en Francia, bajo la protección de Felipe VI, mientras al año siguiente Balliol ocupaba

*En 2002 Ken Follett visitó España para observar las obras de restauración de la Catedral de Santa María (siglo XII) en Vitoria-Gasteiz, con el fin de obtener documentación histórica y técnica para su relato. La ciudad obsequió al autor inglés con su propia estatua en tamaño natural, que se instaló en las proximidades del templo. *(N. del E.)*

su trono como Eduardo I de Escocia, cediendo un buen trozo de territorio a Inglaterra y jurando vasallaje a su monarca.

No contento con enardecer la ira de Eduardo III acogiendo a su enemigo escocés, Felipe VI confiscó en 1337 el ducado de Aquitania, histórico dominio familiar de la dinastía Plantagenet e importante centro del comercio británico con el Continente. El soberano inglés acabó de perder su escasa paciencia, declarando una guerra abierta al reino de Francia. Dio así comienzo a la llamada «Guerra de los cien años», que entre treguas y altibajos duraría en realidad 116. En un comienzo la suerte favoreció a las armas inglesas, que en la primera década del conflicto obtuvieron resonantes victorias en el combate naval de Sluys (1340), en la batalla de Crécy (1346), y en la toma y conquista de Calais (1347). Mientras tanto David II había hecho un intento por recuperar el trono escocés, pero los ingleses lo vencieron en 1346 en Neville Cross, y lo mantendrían prisionero durante once años.

En 1348 la terrible epidemia de la peste negra alcanzó a ambas orillas del Canal de la Mancha, sembrando el terror y la muerte masiva entre los habitantes. En los reinos contendientes ya nadie pensaba en seguir combatiendo, sino en escapar del flagelo y en enterrar, si podía, a sus muertos. El mal comenzó a remitir dos años después, pero siguió rebrotando cada tanto, hasta desaparecer a finales del siglo dejando una mortandad de 25.000.000 de personas, equivalente a un tercio de la población europea de entonces. No obstante, al producirse la aparente desaparición del morbo en 1350, los alelados sobrevivientes fueron llevados nuevamente a la guerra entre Francia e Inglaterra.

Aparece entonces un personaje singular en la Guerra de los cien años, en la figura del primogénito del rey inglés, llamado también Eduardo, aunque la historia lo conocería por su siniestro apodo de «El príncipe negro». Algunos dicen que ese mote se debía al color oscuro de su armadura, otros afirman que a lo amargo y belicoso de su talante. Lo cierto es que fue un notable guerrero, que debutó a los 16 años en la batalla de Crécy. En 1355, ya alejada la peste, invadió y devastó la región occitana de Armagnac, llegó hasta el Mediterráneo arrasando todo lo que encontró, y volvió a cruzar Francia con el mismo ánimo. En 1356 el principe de Gales «negro», con un ejército de algo menos de 7.000 hombres, derrotó y puso en fuga en Poitiers a la poderosa caballería pesada enemiga, apresando nada menos que al propio rey de Francia, que entonces era ya Juan II.

Eduardo III, más que satisfecho por la hazaña de su hijo, puso un precio exorbitante al rescate del soberano prisionero. Los generales franceses, acéfalos y desconcertados, abrieron una tregua que de hecho significó el fin de las hostilidades. Pero el Príncipe Negro había nacido para combatir, y no dudó en pasar a Castilla con parte de sus tropas, para ponerse al servicio del rey Pedro I el Cruel. Éste mantenía entonces un conflicto armado con su rival por el trono castellano, Enrique de Trastámara, al que el mercenario inglés venció claramente en Nájera en 1367. Poco después surgió una desavenencia con Pedro I por el incumplimiento de la paga prometida, y el Príncipe Negro se marchó con su gente dejándolo solo ante el peligro*. El de Trastámara acabó con Pedro el Cruel en la batalla de Montiel; literalmente, porque después de derrotarlo lo hizo asesinar en su tienda de campaña. Luego se calzó la corona de Castilla como Enrique II, lo que con el tiempo haría posible el reinado de su tataranieta Isabel la Católica.

Ante el estancamiento de la Guerra de los cien años Eduardo III firmó en 1360 la Paz de Bretigny. En ese acuerdo se reducía el rescate de Juan II a un monto accesible, y el monarca inglés recuperaba los territorios de Occitania, a cambio de renunciar a sus aspiraciones sobre el trono francés. Aunque el conflicto proseguiría en forma intermitente hasta 1453, el relato de *Un mundo sin fin* termina en 1361, un año después de aquél tratado de paz.

---

*El Príncipe Negro, virtual Eduardo IV de Inglaterra, nunca llegaría a reinar. El combativo heredero falleció a los 46 años en 1376, un año antes que su padre el rey.

La trama narrativa

Dado que la publicación de *Un mundo sin fin* es muy reciente, no sería apropiado dar a conocer con detalle su argumento, desvelando los enigmas y sorpresas que reserva el autor a sus lectores. Sin embargo se puede trazar una descripción general de la trama y un somero perfil de los protagonistas, sin descubrir sus peripecias ni su destino final.

Si *Los pilares de la Tierra* se abría con una especie de prólogo aparentemente inconexo, que narraba la ejecución de un ahorcado, en *Un mundo sin fin* Follett emplea un recurso similar a poco de empezar su nuevo relato. Allí presenta a cuatro niños que han escapado para jugar al tiro al arco en el bosque próximo a Kingsbridge. De pronto se ven envueltos en la lucha entre un misterioso caballero y dos esbirros que lo persiguen. Tras vencer a sus oponentes con ayuda de uno de los chavales, el caballero entierra un documento, de cuyo contenido se enterarán los lectores un millar de páginas más adelante. Los niños que presencian estos hechos, dos hermanos varones y dos chicas, serán los principales protagonistas de los múltiples sucesos que sobrevendrán en la novela, por lo que conviene dedicarles una breve presentación.

Los dos chicos son hermanos entre sí y descendientes directos aunque lejanos de Jack, el constructor que en el libro anterior finalizó las obras de la catedral de Kingsbridge. Merthin, el mayor, tiene un talante creativo y renovador, que le causará problemas con sus conservadores vecinos. Su hermano Ralph es lo que suele llamarse un tipo duro. Inescrupuloso, pendenciero y temible, se valdrá de sus méritos bélicos para sacar provecho de los poderosos. Caris, la mayor de las niñas, pertenece a la estirpe de Tom, el arquitecto que protagonizó *Los pilares de la Tierra*, y manifiesta una temprana obsesión por dedicarse a la medicina, vocación imposible para una mujer en la Edad Media. La otra chica, Gwenda, que proviene de un origen humilde y posee un carácter cándido y enamoradizo, se dedica tenazmente a perseguir a Wulfric, el chico más guapo del lugar. También tiene una participa-

ción importante en la trama el hermano Godwyn, un primo de Caris que aspira tenazmente a ser prior de la catedral.

Las peripecias de estos personajes tienen estrecha relación con el tiempo en que viven, un siglo XIV que muchos historiadores consideran el más terrible de la historia (o al menos antes del catastrófico siglo XX). Las continuas guerras, la aún presente injusticia del régimen feudal, el severo autoritarismo de la Iglesia, el hambre, la miseria, y las terribles epidemias que culminan con la devastadora peste negra, ofrecen un apropiado caldo de cultivo para que Follett siembre su trama novelesca de situaciones dramáticas o decididamente trágicas, sin descuidar los toques aventureros y las intrigas y crímenes; ni las escenas románticas, eróticas, o simplemente amenas, que dan descanso a la trepidante narración.

El sustrato histórico, y podríamos decir «ideológico», de *Un mundo sin fin* es el proceso que en la baja Edad Media enfrentó a las fuerzas del cambio con la tenaz resistencia del orden establecido. Las primeras están representadas en la novela por Merthin, el arquitecto visionario, y por los miembros del gremio de laneros, mientras que el sector reaccionario es encarnado por Ralph, que se pone al servicio del poder feudal y eclesiástico para mantener el inmovilismo. Follet incluye también un guiño a sus lectoras, al resaltar el carácter protofeminista del personaje de Caris.

Como fondo del relato principal bulle un mundo de labriegos esclavizados, mujeres sabias acusadas de brujería, curas fanáticos, aventureros impetuosos, nobles corruptos, damas malcasadas, asesinos sin entrañas, brutales violadores y fornicadores variados. Como era de esperar, el autor nos ofrece una detallada descripción de las técnicas arquitectónicas, y nos informa también sobre la economía, la agricultura, la medicina, la legislación y otros aspectos técnicos de la era medieval, hábilmente engarzados en el proceso de un relato que pretende y consigue representar con una trama de ficción la realidad de un mundo y una época.

Introducción

En medio de la Edad Media

En medio de la Edad Media

Si pudiéramos entrar en una posada de cualquier lugar de Europa en la baja Edad Media, nos encontraríamos con algunos personajes habituales en los caminos de la época: clérigos rubicundos que dan cuenta de una cena bien regada; estudiantes que discuten sus filosofías; comerciantes que comentan los precios de alguna mercancía; un par de soldados negociando con una ramera; y, acurrucado en un rincón, un mendigo lisiado a la espera de que alguien le arroje unas sobras de comida. No se ven artesanos ni campesinos porque éstos trabajan de sol a sol, para poder ganarse la vida con lo poco que les queda después de pagar lo que se lleva el obispo, los impuestos del rey y las gabelas de los nobles feudales. Tampoco esos altos personajes acostumbran a frecuentar las posadas y mezclarse con la plebe, aunque algún señor de los contornos podría aparecer de pronto haciendo un alto reparador en su viaje para rendir vasallaje al monarca (o para derrocarlo y coronar a otro).

A pesar de la fama de violencia y miseria que rodea a la Edad Media, estamos en un periodo de paz y prosperidad, marcado por el aumento de la población, cierta mejora en el nivel de vida, y el naciente auge de las ciudades como centros económicos y simientes de una nueva cultura urbana. Las

guerras internas se han dado una tregua y la primera cruzada a Tierra Santa ha concluido con un triunfo que será efímero. El feudalismo comienza a debilitarse, las monarquías se afianzan poco a poco, y la Iglesia, que ha superado sus conflictos teológicos, ostenta un omnímodo poder espiritual y terrenal, que se expresará en la erección de las magníficas y monumentales catedrales góticas.

Se trata de un periodo que marca un hito fundamental en el devenir histórico, y que se inicia con el llamado «Renacimiento del siglo XII», punto de inflexión entre la alta y la baja Edad Media. En ese momento de renovación sitúa Ken Follett su primera novela, mientras que en la segunda describe las guerras, pestes y hambrunas que azotaron a la Europa del siglo XIV.

La corona y la cruz

Como todos los momentos que representan un salto en el transcurso de la historia, el «Renacimiento del siglo XII» no surgió de la nada. Su eclosión fue resultado de una serie de acontecimientos que provenían de épocas anteriores. El principal antecedente es el derrumbe definitivo del Imperio Romano de Occidente en el año 476, tras el cual los pueblos denominados bárbaros se asentaron en los vastos territorios europeos que habían quedado sin dueño y sin ley. Durante los tres siglos siguientes se producen continuas y sangrientas luchas entre las distintas etnias llegadas desde el otro lado del Rin y el Danubio, que a la vez van abandonando su primitivo paganismo para adoptar la religión cristiana y una relativa obediencia al pontífice romano.

Un jefe franco llamado Carol, o Carlos, más tarde conocido como Carlomagno, consiguió someter en el siglo VIII a la mayor parte del antiguo imperio, y en el 800 el papa León III lo coronó como «Emperador de los romanos». Entre otros títulos honoríficos recibió el de «Protector de Europa», nombre que se daba por primera vez en un documento oficial. El Imperio de Carlomagno no duró mucho más allá de su muerte en el 814, ya que sus sucesores, siguiendo las normas de los francos salios (instauradores de la famosa «ley sálica»), se repartieron reinos y principados que a su vez se enfrentaron en encarnizadas guerras territoriales o de vasallaje. Por encima de ellos, y al menos formalmente, subsistía la autoridad del papa como última instancia de poder y de arbitraje.

A mediados del siglo X, el monarca italiano Berengario II amenazaba la sede romana del Papado, encarnado por el joven pontífice Juan XII. Éste llamó en su ayuda a Otón I, rey de Germania, quien derrotó a Berengario y se proclamó soberano de Italia. Otón, llamado el Grande, dominaba así dos reinos muy importantes en el escenario europeo y tenía prácticamente en sus manos el destino de la Santa Sede y sus posesiones terrenales. Desde esa posición de fuerza, exigió a Juan XII la consagración de un Sacro Imperio Romano Germánico, nombre astuto que mezclaba lo sagrado con lo profano y diluía la autoridad del pontífice en la del emperador, que sería desde luego el propio Otón. Éste se reservaba la facultad de designar las jerarquías religiosas e investir a prelados y cardenales, así como designar al pontífice. A cambio, mantuvo el dominio de la Santa Sede sobre los Estados Pontificios y la potestad papal de coronar, ya que no elegir, a los emperadores. Este acuerdo fue un antecedente fundamental de las complicadas relaciones que se dieron entre la Iglesia, la monarquía y la nobleza feudal a lo largo de la Baja Edad Media.

Otón I el Grande murió en 973, y, poco después, su artificioso imperio (que en los hechos se reducía a los territorios de Alemania e Italia) comenzó a dar muestras de debilidad. Sus privilegios sufrieron un duro golpe en 1059, cuando un decreto del papa Nicolás II quitó al emperador la potestad de investir cardenales y elegir al pontífice de la Cristiandad. Este hecho inició un prolongado conflicto entre el Vaticano y la Corona imperial, conocido como la «guerra de las investiduras». Los supuestos reinos vasallos fueron fortaleciendo sus posiciones y ganando mayor independencia de la corona imperial, aunque serían los señores de la tierra los verdaderos beneficiarios de ese declive. Los feudos pertenecían formalmente a un reino, pero llegaron a detentar una total autonomía. La nobleza feudal no tardó en subrogarse la facultad de designar a los prelados (casi siempre entre parientes o amigos), llegando asimismo a nombrar los párrocos y abades o a administrar los beneficios eclesiásticos producidos por donaciones y gabelas.

Esta hegemonía del régimen feudal se vio también favorecida por las contiendas intestinas, la constante amenaza musulmana y la extravagante aventura de las cruzadas. Todos estos factores debilitaron tanto al Imperio como a los reinos, endeudados y sin recursos ni ejércitos propios, mientras crecía el poder de los verdaderos amos de la tierra y los campesinos. Pese a la autonomía de que gozaban sus miembros, los vasallajes feudales no dejaban de formar pirámides jerárquicas, en cuya cúspide se encontraba, al menos formalmente, un rey, que a su vez solía ser vasallo del emperador. Era entonces frecuente que se produjeran conflictos armados entre monarquías, principados y ducados, en los que ambos bandos reclamaban a sus respectivos vasallos que les proveyeran de fondos y tropas para poder combatir.

Los enemigos extraños

Las rencillas dentro del territorio europeo sólo se atenuaron frente a un enemigo extraño, tanto en su procedencia como en su religión. Es sabido que, a principios del siglo VIII, los árabes habían invadido las costas mediterráneas de la antigua Hispania y que, en sucesivas oleadas, se apoderaron de gran parte de la península Ibérica, realizando numerosas incursiones al otro lado de los Pirineos. Allí los detuvo el ardoroso jefe franco Carlos Martel, que en 732 derrotó a Abdal-Rahman en la célebre batalla de Poitiers. A pesar de este revés, los musulmanes siguieron rondando la región, aunque sin atreverse a avanzar más allá de las cumbres pirenaicas. Debemos señalar que

Martel era hijo bastardo de Pipino II y, por lo tanto, abuelo de Carlomagno. Y fue precisamente su insigne nieto quien obligó a los invasores a replegarse al otro lado de los Pirineos, imponiéndoles como frontera la línea del río Ebro, o sea estableciendo la Marca Hispánica, que fue el origen de la mayor parte de los condados catalanes hacia los siglos IX-X. Pero la amenaza del Islam siguió flotando sobre el ámbito europeo, y a ella aludía el papa León III cuando al coronar a Carlomagno le encomendó «la protección de Europa».

Los reinos godos cristianos próximos a la cordillera Cantábrica y los Pirineos habían quedado al margen del dominio musulmán, y ya en el mismo siglo VIII iniciaron un prolongado proceso guerrero de «reconquista», que habría de extenderse con diversa suerte durante setecientos años para culminar, como sabemos, con la caída de Granada en 1492. Sin embargo, esa inacabable contienda territorial y espiritual entre «moros y cristianos» no tenía gran repercusión en el resto de Europa, salvo en algún momento puntual de peligro.

En realidad, el imaginario místico y guerrero de la Europa medieval estaba fascinado por otra epopeya reivindicativa: las cruzadas. La idea original fue lanzada en 1095 por el papa Urbano II, que con la excusa espiritual de arrebatar a los musulmanes el Santo Sepulcro, se propuso resolver a la vez varios problemas terrenales. Por un lado, abrir un paréntesis de distracción en la ya citada querella con el Imperio por las investiduras eclesiásticas; por otro, conseguir una tregua en las luchas interiores europeas en aras de un fin superior; y, finalmente, encauzar y controlar *manu militari* la creciente migración hacia Oriente y el intercambio de mercancías entre ambas orillas del Mediterráneo. Dicho intercambio incluía la difusión de tradiciones paganas e ideas heterodoxas que, como veremos más adelante, cuestionaban la doctrina de la Iglesia sobre el nacimiento del cristianismo y la versión evangélica de la vida y la muerte de su Mesías.

La primera cruzada partió hacia Tierra Santa en 1097, integrada por diversos nobles y grandes señores cuyo propósito incluía conquistar Siria por

El retorno de los místicos

No es casualidad que los intercambios con Oriente coincidieran con la aparición en Europa de un misticismo individual e introspectivo. Los ermitaños y santones solitarios o el aislamiento de los conventos de clausura promueven la «meditación contemplativa», una relación personal con Dios característica de muchos cultos orientales y que no es ajena a los orígenes del cristianismo. Ese retorno de una mística privada cuestiona la estructura misma de la Iglesia Romana, con sus ceremonias públicas y rituales litúrgicos compartidos. Es probable que la necesidad de atraer y retener a los fieles en los templos haya sido un factor importante para el auge de las catedrales góticas.

el camino. La fragmentación del reino seléucida facilitó la toma de Antioquía en 1098 y la conquista de Jerusalén al año siguiente. Este éxito del cristianismo combatiente provocó un aluvión de peregrinos, místicos iluminados, aventureros, segundones sin tierras, mercaderes, mercenarios y otros personajes deseosos de alejarse de una Europa superpoblada en busca de nuevos horizontes. Pero estos viajeros y los nuevos reinos latinos de Oriente se veían constantemente amenazados por los merodeadores árabes, alentados por lo reducido de las guarniciones cristianas. Como veremos con mayor detalle más adelante, tal desprotección motivó el nacimiento de las primeras órdenes religiosas guerreras que, al margen de su controvertida participación en la historia de la Iglesia, traerían de Egipto y Palestina presuntos arcanos milenarios y secretos cristológicos, que aún hoy siguen siendo tema de investigadores y novelistas afectos al esoterismo cristiano.

El despertar de las ciudades

Todo este trasiego entre Occidente y Oriente trajo aparejado un notable incremento del comercio y la actividad artesanal, que a su vez impulsaron el crecimiento de los nuevos núcleos urbanos. En paralelo, el avance de las técnicas y la implantación de una paz bastante duradera hacen de la primera mitad del siglo XII una época de considerable prosperidad, en especial en las ciudades, donde la naciente burguesía poblaba las ferias y mercados.

Los campesinos, pese a ver aliviado su trabajo por algunas innovaciones técnicas, siguieron dependiendo básicamente del clima y el ciclo de las estaciones, y viviendo bajo la amenaza de los fenómenos naturales. Además, continuaron siendo esquilmados por las gabelas eclesiásticas y señoriales, mientras que los habitantes de las ciudades pasaban a pagar a sus ayuntamientos impuestos más o menos razonables. Surge así una tajante división entre la vida rural y la cultura urbana, que habrá de mantenerse casi hasta nuestros días.

Los labriegos y granjeros del agro europeo no percibieron grandes cambios con el advenimiento del «Renacimiento del siglo XII». Para ellos y sus familias no hubo novedades en la dura rutina que soportaban desde los tiempos romanos: trabajar desde niños en agotadoras jornadas de sol a sol; tener más hijos de los que podían mantener; sufrir la arbitrariedad de los señores feudales; y aceptar que éstos y la Iglesia se llevaran casi todo lo que producían las cosechas. Cada familia era una unidad de trabajo aislada, cuyos miembros se amontonaban en una única habitación, a veces compartida con el ganado. No recibían educación alguna y vivían atemorizados por una religiosidad primitiva poblada de amenazas y demonios, que se multiplicaban en las supersticiones sobre brujas, ogros y otros habitantes de la noche y el bosque. Cada generación repetía los modos de vida y las expectativas de la anterior. Eran conservadores, pero no poseían casi nada que conservar, y la prolongada falta de ilusión los hacía escépticos y reaccionarios ante cualquier cambio.

Por el contrario las ciudades estaban llenas de dinamismo, sus artesanos y mercaderes se agrupaban en sociedades gremiales para proteger e impulsar sus oficios, los adelantos técnicos propiciaban la instalación de nuevas industrias, la construcción de caminos y la mejora de los transportes facilitaba el intercambio de productos y la expansión de los mercados locales, mientras las viviendas se hacían más sólidas y elegantes, y las calles principales se pavimentaban con adoquines. Aparecen también profesiones independientes, como las de médico, contable o abogado, necesarias para atender el funcionamiento de una sociedad urbana independiente y compleja. Pero lo más importante es que, junto a este despegue material, surgió una sorprendente actividad intelectual, apoyada en la recuperación del pensamiento clásico y el ansia de conocimientos de los hijos de la burguesía, que dio lugar a la fundación de las primeras universidades; algunas como respuesta al impulso asociativo de los antiguos maestros itinerantes, otras como continuidad de las escuelas superiores diocesanas y monásticas.

El saber y el conocimiento adquirieron un valor propio en la cultura urbana y las universidades fueron ganando mayor autonomía, tanto respecto a la Iglesia como a los ayuntamientos. Se crearon entonces dos colectivos que harían gala de su independencia social y su libertad intelectual: los estudiantes y los profesores y catedráticos. El tema de sus clases ya no era sólo la teología, sino también las disciplinas laicas, como la medicina o el derecho. Se iniciaba así una tímida pero constante secularización de la sociedad y sus formas de vida, que abriría el camino hacia la revolución cultural renacentista.

En medio de este panorama cambiante, novedoso y contradictorio, surgen apuntando al cielo las catedrales góticas. Esos magnificentes símbolos espirituales y materiales que representan y a la vez trascienden aquella sorprendente época.

Primera parte

Grandeza y misterio de las catedrales góticas

Ad maiorem Dei gloriam

Los constructores de las catedrales góticas y sus patrocinadores no sabían que estaban erigiendo catedrales góticas. Denominaban a su manera de construir «estilo ojival», por el novedoso empleo de este tipo de arcos y bóvedas; y más tarde «estilo francés», por su país de origen. Pero, después, los teóricos y arquitectos del Renacimiento, tan admiradores del mundo clásico, rechazaron ese estilo que se apartaba de los cánones románicos. Se dice que fue Giorgio Vasari el primero en designarlo despectivamente como «gótico», es decir «de los godos», o sea «bárbaro». Esta última palabreja designaba a todo lo que era ajeno a la cultura grecorromana, ya se tratara de una tremenda horda germánica o de un elaborado pectoral celta.

Sin embargo, la Iglesia había apostado decididamente por ese estilo bárbaro, porque representaba una arquitectura totalmente cristiana, desprendida por fin de la influencia de los templos y basílicas paganas. O al menos era así en un nivel aparente, porque como en muchos asuntos de la Iglesia, aquí subyace también un componente esotérico. Algunos autores, como Fulcanelli, sostienen que el adjetivo «gótico» nada tiene que ver con los godos, sino con su semejanza con la palabra «goético» (mágico) o con el lenguaje secreto del *arth goth* o «argot» de los iniciados. A partir de ahí, es posible (y Fulcanelli lo hace) remontarse a los *argot-nautas* y sostener que las catedrales guardan secretos ancestrales preclásicos. Bajo esta interpretación, lejos de romper con las tradiciones paganas, el arte gótico sería una especie de *revival* de los principales mitos del paganismo.

Sean cuales sean las críticas que obtuvo en el Renacimiento o el grado de infiltración de las sectas y cultos de la competencia, la Iglesia mantuvo con firmeza la apuesta arquitectónica a favor del nuevo estilo, que pasó a ser sinónimo de elevación, espiritualidad, comunión y deslumbrante alabanza de Dios.

Los monjes del segundo milenio

A medida que se aproximaba el año 1000 y el anunciado fin del mundo, la vida medieval se llenó de profetas apocalípticos que vaticinaban terrores indescriptibles y amenazaban con la condenación eterna. La gente vivía atemorizada ante la inminencia de una catástrofe desconocida y final, mientras la Iglesia no encontraba otro recurso que añadir leña al fuego con penitencias y flagelaciones. Sólo la orden benedictina (Orden de San Benito) mantenía, desde principios de aquel siglo X, un proceso de organización que parecía ignorar que el Juicio Final estaba a la vuelta de la esquina.

Cuando el temido año fatídico transcurrió sin mayores peripecias, se extendió una esperanzada sensación de alivio, junto con la necesidad de alabar y agradecer a Dios por permitir que el mundo entrara ileso en un nuevo milenio. Los benedictinos multiplicaron sus templos del más avanzado estilo románico, cuya nave insignia era la abadía de Cluny, en la Borgoña, al tiempo que su ascetismo se iba relajando, y no sólo en lo arquitectónico. Sucesivas reformas de la abadía la habían dotado de un carácter monumental, con doble transepto, capillas radiales y bóvedas que se alzaban a gran altura. En 1098 surge la primera disidencia, encabezada por san Roberto de Molesme, que funda la Orden del Císter o de Cîteaux, en la abadía de ese nombre, también en tierras borgoñonas. Su intención era oponer a los excesos de Cluny una regla monástica basada en la pobreza, el trabajo y el silencio, redactada por el influyente benedictino Bernardo de Clairvaux (o Claraval). Su correlato constructivo fue un nuevo tipo de iglesia, de una pureza de líneas a la vez sobria y elegante, basada en un excelente aparejo. La presencia precoz de la bóveda de crucería, que permitiría el paso del románico al gótico, fue difundida por las iglesias monacales que iba levantando el Císter por toda Francia.

Hacia 1135, Bernardo de Clairvaux acababa de redactar las reglas que había presentado en Roma la recién fundada Orden de los Caballeros del Templo de Jerusalén, que serían conocidos como los templarios. Cuenta algún cronista que, ya de regreso en Francia, Bernardo de Clairvaux observaba con cierto recelo las reformas que estaba realizando el abad Suger en su iglesia de San Denis, cerca de París. Las nuevas obras alteraban la severa austeridad de la arquitectura cisterciense, y el templo se estaba pareciendo más a un ámbito festivo que a un sitio de devoción. Quizá lo que más inquietaba al futuro san Bernardo era el agregado de unas luminosas capillas radiales, o la demolición de la galería del coro, para que la luz inundara el interior a través de coloridas vidrieras. El resultado era sin duda muy bello y resplandeciente, tal vez demasiado para un ámbito de recogimiento y oración.

El inspirador del Temple no discutió la obra de San Denis con su audaz cofrade (al menos públicamente), entre otras razones, porque Suger era en aquel momento el hombre más influyente de la Corte francesa y el principal consejero del rey Luis VI, llamado «el Gordo». Ambos habían sido compañeros de estudios, precisamente en el monasterio de San Denis, donde trabaron una cálida amistad. El recio y batallador monarca admiraba a su amigo monje, no tanto por sus virtudes teologales como por su brillante inteligencia e intuición política.

Suger había nacido en las afueras de París en 1081. Hijo de familia humilde y numerosa, sus padres lo ofrecieron al cercano monasterio de San Denis, para que fuera educado y profesara como monje. Siguiendo otra costumbre de la época, también el delfín Luis siguió estudios en San Denis, cuya escuela tenía bien ganado prestigio. Allí nació la mencionada amistad entre ambos condiscípulos, que subsistía cuando Luis VI el Gordo fue coronado en 1108. Diez años después, siendo Suger preboste de Berneval, en Normandía, el rey solicitó sus servicios para una delicada misión. El ex pontífice Gelasio II, destronado y expulsado de Roma por el emperador Enrique V en una nueva guerra de investiduras, se había refugiado en el sur de Francia. Suger lo visitó allí como enviado oficial del rey, para ofrecerle la protección y el apoyo de la corona francesa. El conflicto se solucionó por el concordato de Worms (1122), por el cual el emperador desistió de su apoyo al antipapa Gregorio VIII y aceptó la elección de Calixto II como nuevo pontífice.

Suger asistió a la coronación del Papa en representación de la Corona francesa y, estando aún en Roma, le llegó la noticia de su elección como abad del monasterio de San Denis. Sin embargo, debió permanecer en el Vaticano, a invitación del pontífice, para participar en el concilio de Letrán, en 1123. Según las crónicas, su brillante actuación en aquel cónclave motivó la admiración y el interés de Calixto II por el monje francés, al que convocó nuevamente a Roma al año siguiente, se supone que para otorgarle el capelo de cardenal o un honor pontificio semejante. Pero, durante el viaje, Suger se enteró de la repentina muerte del Papa, y emprendió el camino de regreso a París. Allí asumió formalmente el cargo de abad de San Denis, aunque su amigo y soberano lo retuvo casi constantemente en la Corte como consejero.

En 1127, Suger pudo iniciar por fin su ansiada reforma de la iglesia de San Denis, considerada por los historiadores como la primera construcción religiosa de estilo gótico. El abad reflejó en ella sus conceptos sobre la luminosidad del culto cristiano, la apertura de los templos a los feligreses y la catequesis de las imágenes, capiteles, bajorrelieves y frisos. Unas ideas bas-

tante arriesgadas, pero también oportunas en una época en que ya no valía atraer a los fieles por el temor a un Juez implacable, sino por la alegría de compartir la gloria de un Dios benevolente. Suger era partidario de la iglesia-casa-del-pueblo, en la cual los feligreses pudieran encontrarse para orar en común, celebrar las ceremonias litúrgicas e incluso para tratar sus asuntos seculares. Esta santa intención del abad de San Denis permitía a la vez ofrecer un amplio e imponente recinto sacro para los protocolos reales y las bodas, bautizos y funerales de la aristocracia y la naciente burguesía.

La iglesia del abad Suger fue consagrada en 1140, y su ejemplo desató una fiebre constructora y reconstructora de templos, alentada igualmente por la tercera reforma de la abadía de Cluny. En los tres siglos siguientes las nuevas catedrales se contarían por decenas, los grandes templos, por centenas, y las iglesias parroquiales, por millares. Toda diócesis, señorío, monasterio o población de alguna importancia quiso levantar o reformar su iglesia, que había de ajustarse al estilo impuesto por el abad Suger, con los contrafuertes que sostenían los muros y permitían abrir las grandes ventanas ojivales, y las bóvedas de crucero que aligeraban el conjunto, concebido como un recinto equilibrado y perfecto *ad maiorem Dei gloriam*.

Mas por mucha devoción que pusiera el buen abad en su empeño, el solo fervor religioso no hubiese bastado para producir un fenómeno tan decisivo, costoso y extendido como el surgimiento de las catedrales góticas. Esta gran revolución de la arquitectura eclesial respondió a motivos diversos, entre ellos la ya citada ambición de las cortes y la nueva burguesía por contar con ámbitos lo bastante grandes y solemnes como para brindar opulencia y grandeza a sus actos ceremoniales; ambición que se contagiaba fácilmente al pueblo llano, siempre dispuesto a la diversión y el espectáculo. No fue difícil que esos sentimientos se reflejaran en una desatada competencia por poseer la catedral más lujosa, más grande y más alta, y por esforzarse en conseguirla.

Dos elementos típicos de la religiosidad del medievo, las reliquias y las peregrinaciones, fomentaron también el auge de las nuevas iglesias. Sus principales modelos eran las peregrinaciones a Roma y el camino de Santiago, o mejor dicho, los caminos que, desde diversos puntos de Europa, convergían en dirección a la Ciudad Santa o con la ruta jacobea que llevaba a Compostela. A la vera de estos recorridos se fueron levantando iglesias y monasterios hospitalarios, que a su vez exhibían sus propias reliquias de dudosa autenticidad. Estos caritativos paradores se destinaban a asistir a los peregrinos, pero también aceptaban sus limosnas, a veces considerables, y ponían a la venta réplicas o porciones de sus reliquias, así como diversos productos monacales, cuando no indulgencias y usufructos celestiales. Desde luego, los peregrinos con cierta posición preferían detenerse en los sitios más notorios, más bonitos y más santos. Estas diversas razones de misticismo, ambición, competitividad o lucro coincidieron con una época de bonanza, en la que el dinero fluía y se gastaba con facilidad.

El crecimiento de la población y su agrupación en las ciudades fue otra circunstancia que caracterizó a la era de las catedrales. Los conglomerados urbanos crecieron en tal forma, que los recintos de las iglesias románicas ya no daban abasto para contener a la totalidad de los fieles. A ello debemos sumar la rivalidad entre los obispos, canónigos y priores, que ansiaban superar al vecino con una catedral más majestuosa, más amplia y, sobre todo... ¡gótica! El prestigio y la fama del nuevo estilo dejaron totalmente obsoletas a las tradicionales catedrales románicas. Los prelados pretextaban que eran ya vetustas o insuficientes, para darse el gusto de emprender la construcción de su nueva y esplendorosa catedral gótica. En algún caso, como en Chartres, Rouan o Nevers, se exageraban los daños causados por un incendio (no siempre accidental) para justificar el proyecto de erigir la catedral que exigía la nueva moda.

UN PIADOSO ESPIONAJE

Una vez anunciado el proyecto, el entusiasmo del vecindario estaba asegurado. Tanto el pueblo llano como la clerecía compartían el fervor por la obra y el deseo de superar a las diócesis de los alrededores. La exaltación popular llegaba al paroxismo el día de la inauguración. El obispo no se privaba de invitar a la ceremonia a sus colegas de los alrededores, e incluso de diócesis distantes, que acudían acompañados de sus canónigos y sus arquitectos habituales. Mientras los prelados visitantes disimulaban su envidia con alabanzas, los arquitectos tomaban nota de las novedades introducidas en la nueva catedral, que bosquejaban con mayor o menor disimulo en sus cuadernos. Eso explica algunas asombrosas semejanzas que presentan las catedrales góticas erigidas en la misma época.

Todos estos acontecimientos y situaciones, así como la propia aparición del estilo gótico, no hubieran sido posibles sin lo que fue también un factor fundamental entre las causas de su gestación: los adelantos técnicos y arquitectónicos, otra característica del progreso general de Europa en los inicios del siglo XII.

La levedad de la piedra

Por alguna razón buena parte de los avances en las técnicas constructivas se venían ensayando en la región de *Île-de-France*, o cuenca de París, sin duda bien conocida y recorrida por el abad Suger. En la construcción de algunas iglesias del románico tardío y en las reformas o ampliaciones de otras ya existentes, se habían aplicado nuevos recursos como los arcos apuntados, las bóvedas ojivales, o los contrafuertes que aligeraban la carga de los muros. Suger tuvo el mérito de combinar estas técnicas y recuperar o modificar otras más antiguas, para hacer realidad su gran ilusión: un templo monumental pero de magnífica ligereza, con un amplio interior inundado de luz, y cuya estructura de piedra ascendiera hacia el cielo con sobrecogedora levedad.

San Denis marcó el camino hacia el perfeccionamiento y expansión de lo que hoy conocemos como catedrales góticas. Su desarrollo inicial se dio casi exclusivamente en Francia a lo largo de ese siglo XII, aunque aparecieron también muestras puntuales más allá de sus fronteras, como la catedral inglesa de Durham, consagrada ese mismo año. A partir del siglo siguiente, el estilo gótico se extendió por casi toda Europa, particularmente en Gran Bretaña, España y Alemania, y con mayor retraso en Italia y los países centroeuropeos, hasta las manifestaciones del gótico tardío, que alcanzan a mediados del siglo XVI.

Construir una catedral gótica significaba emprender una obra ciclópea, compleja y de elevadísimos costes, que solía durar años, a veces décadas y

en algún caso siglos, hasta llegar (y no siempre) a su culminación. Los trabajos solían interrumpirse a causa de catástrofes naturales, cambios políticos, guerras, incendios, epidemias y, con bastante frecuencia, por simple falta de fondos. Lo cierto es que buena parte de esas obras quedaron inconclusas respecto a su plan original, o sufrieron modificaciones, reducciones y agregados posteriores. Pero esas forzadas variantes dan a cada una de ellas un toque particular, una imagen característica que le otorga identidad propia. Son pocas y célebres las construcciones que han conseguido reunir todos los elementos que constituyen el canon de la «catedral gótica tipo», entre ellas las de París, Reims, Chartres o Amiens, para citar sólo las erigidas en Francia en el siglo XII.

¿Cuáles eran esos cánones o normas que conformaban el modelo ideal de las catedrales góticas? Veamos sus principales características, según los elementos arquitectónicos que participaban en su construcción.

La planta

Los constructores góticos mantuvieron la planta en cruz latina típica de las iglesias románicas. La innovación consistió en alargar en rectángulo la nave principal, agregar dos o cuatro *naves laterales* paralelas a ésta, valorizar los *transeptos* o naves transversales, y añadir un *ábside*, generalmente curvo, detrás del altar. Normalmente la entrada principal se abría a un gran *atrio escalonado*, que suponía una amplia plaza delante de la iglesia.

La estructura

En la construcción de la estructura básica intervienen las dos mayores novedades técnicas respecto al estilo románico: la *curvatura ojival* de los arcos y bóvedas; y el sistema de *contrafuertes y arbotantes* que aguantan el peso de la carga desde el exterior.

En las aberturas y bóvedas de las iglesias románicas se utilizaba el arco de medio punto, un semicírculo completo de piedras o ladrillos ligeramente trapezoidales que se apoyaban entre sí. La fuerza del peso se descargaba directamente sobre los muros, que debían ser robustos y sólidos. El gótico adopta *el arco apuntado u ojival*, cuyas dos partes curvas discontinuas se unían en el centro por una piedra algo más grande y aguzada, llamada «clave». La novedosa *bóveda de crucería* consistió en una bóveda apuntada sostenida por dos o más arcos ojivales que se cruzaban en diagonal. El peso se descargaba así sobre los muros en forma oblicua, con una fuerza que tendía a separarlos.

Para aguantar esa tensión se levantaron dos tipos de pilares externos de refuerzo: *los contrafuertes*, apoyados directamente contra los muros; y *los arbotantes*, situados a una cierta distancia y unidos a los primeros por arcos de *estribo*. De esa forma las paredes maestras quedaban liberadas de la mayor parte del peso, y podían abrirse en ellas amplios vanos para puertas o ventanas, y sobre todo las luminosas y coloridas vidrieras ojivales.

En la catedral gótica ideal el antiguo campanario románico fue reemplazado por *dos grandes torres* delanteras que encuadraban la fachada. Su forma clásica era la de un prisma de base cuadrada, aunque las hay también poligonales o con las aristas conformadas por columnas. Su parte superior culminaba en una *cúpula*, generalmente de cuatro, cinco o más lados, coronada por una *aguja* recubierta de plomo que se elevaba lo más alto posible.

EL INTERIOR

El núcleo de las catedrales góticas era la *nave central*, su ámbito más imponente y sobrecogedor, cuya amplitud y altura introducía a los fieles en una dimensión casi sobrehumana, muy adecuada para la casa de Dios. Se accedía directamente por el portal principal y se dividía en diez o doce partes marcadas por una doble fila de *columnas*, que a su vez la separaban de los corredores que daban a las *capillas* o de las *naves laterales* cuando las había. La luz llegaba por las amplias *vidrieras* que se abrían en lo alto. El perímetro interno de los *transeptos* y naves laterales podía alojar monumentos funerarios y capillas privadas, o dedicarse a servicios del culto, como las confesiones, bautismos y recolecciones de limosnas. Por encima de ellas corrían las altas galerías en forma de *tribuna*, que habitualmente incluían triples ventanas interiores llamadas *triforios*. El recorrido terminaba ante el *altar*, que generalmente ocupaba el *crucero* de los transeptos y se elevaba sobre una tarima con su correspondiente escalinata.

Detrás del altar se ubicaba el *ábside*, o prolongación del aspa mayor de la planta en cruz, en forma circular, poliédrica o lobulada. En él se situaba el *coro*, formado por hileras de asientos de madera labrada, que utilizaban los clérigos que cantaban en las misas solemnes o participaban en las reuniones de capítulo. Este lugar estaba rodeado por una *girola*, o galería curva que unía los extremos de las naves laterales y en la que se situaba a menudo la *capilla de la virgen* o de la santa o santo patrón, y también retablos trípticos, o *tumbas* de personajes notables. Todo el perímetro estaba recorrido por un pasillo o *deambulatorio*.

En la parte posterior del altar se abría una escalerilla que daba acceso a la *cripta*. Ésta era una estancia subterránea, de techo bajo sostenido por columnas, destinada a guardar santas reliquias y piezas del tesoro catedralicio, así como a sepulcros de prelados insignes o grandes señores del lugar.

La fachada

La fachada debía ser la parte más impresionante, grandilocuente y ornamentada de la catedral medieval. Su función era la de deslumbrar y atraer a los feligreses locales y forasteros, dejar sentada ante ellos la grandeza de la diócesis o del señorío donde se alzaba, y preparar los ánimos para entrar en la casa de Dios con recogimiento y humildad. En otro orden de cosas, servía también como imponente telón de fondo en las fiestas, ferias y mercados que se celebraban en la plaza adyacente, recordando a los viandantes la omnipotencia del Señor y la omnipresencia de su Iglesia. Con ese fin la fachada era una especie de inmenso retablo pétreo, en el que se representaban personajes y escenas de las Escrituras, virtudes y pecados, la Gloria del Cielo y los castigos del infierno, todo en un orden atiborrado y adornado con detalles de motivos diversos.

La fachada gótica ideal debía presentar una armonía simétrica, encuadrada en las dos *torres* de los extremos. Su centro era el gran *pórtico principal*, coronado por un amplio *tímpano* semicircular y flanqueado por dos *portales laterales* algo más bajos y estrechos, que en ocasiones llegaban a cuatro. Por encima del portal central se situaba el inmenso *rosetón* gótico característico, que podía estar acompañado de otros dos más pequeños sobre los portales laterales. En ciertos casos, como en la Catedral de Bourges, el rosetón era reemplazado por una gigantesca *vidriera de tres cuerpos*. En el espacio superior se extendía una gran *galería horizontal*, a veces con otra superpuesta, en las que se abrían *balconadas* y las finas y elegantes *ventanas ojivales* típicas de ese estilo. Como ya se ha señalado, pocas catedrales góticas responden

por completo a ese modelo ideal, del que dan ejemplo, entre otras, las de París, Reims o Estrasburgo.

La ornamentación

Se ha dicho que las catedrales góticas son verdaderos «libros de piedra», que pueden leerse observando su profusa ornamentación figurativa. Estatuas, esculturas, columnas labradas, bajorrelieves, frisos tallados, capiteles, e incluso los vitrales de las ventanas o las gárgolas que asoman desde el tejado, ilustran al visitante sobre los temas divinos y humanos que preocupaban a la Iglesia medieval y a sus feligreses.

Los profetas bíblicos suelen alinearse en los *cantos de los portales*, junto a otras figuras destacadas de la imaginería cristiana, que pueden encontrarse también en *nichos* y *hornacinas* de los muros exteriores, o recostados contra las columnas. Los tímpanos son presididos casi siempre por la imagen en relieve de un *Pantocrator* o Cristo triunfante, heredada del románico, acompañada por otros personajes o escenas evangélicas. La hagiografía de los santos o las parábolas brindan temas a los *frisos* y *bajorrelieves* que cubren otros paneles de las fachadas.

En la decoración interior se presentan más o menos los mismos temas religiosos, ya sea en forma de pinturas, frescos, relieves, escenas de vitrales, grupos escultóricos o sepulcros funerarios. Estos últimos muestran estatuas yacentes de personajes históricos o de antiguos prelados de la diócesis, que en el primer caso suelen yacer acompañados de la respectiva señora. El homenaje a la excelencia nobiliaria y eclesiástica es también frecuente en el resto de la ornamentación catedralicia.

Finalmente debemos mencionar los detalles *non sanctos,* que respondían según parece al albedrío e imaginación de artesanos de talante anticlerical o simplemente hartos de esculpir santos y angelitos. Se trata de *figuras* bur-

EL MISTERIO DE LAS CRIPTAS

El hecho de que fueran lugares ocultos bajo tierra y a menudo muy antiguos, situados en excavaciones anteriores a la construcción de la propia catedral, provocó que las criptas fueran siempre recintos con un aire de misterio. Han circulado, y todavía circulan, extrañas leyendas sobre rituales demoníacos, cultos ancestrales o sacrificios humanos que se celebraban en su interior, o sobre fabulosos tesoros y talismanes mágicos escondidos tras puertas secretas. Dado que con frecuencia alojaban sepulturas, se les atribuían también leyendas de fantasmas y manifestaciones de ultratumba.

lonas, monstruosas, procaces o demoníacas, que por lo general aparecen semiescondidas en medio de un friso, protegidas por la altura de los capiteles o las gárgolas, o incluso ocultas en los bajos de los sillares del coro. Su existencia ha dado lugar a la afición de descubrirlas, fotografiarlas y coleccionar sus fotos, y existen libros dedicados específicamente al tema.

La Iglesia ha intentado justificar estos exabruptos de piedra con la excusa de que representan el mal, los pecados, o su castigo. Pero es difícil aceptar que un enano defecando o un monstruo que se dispone a tragarse una columna tengan algún carácter moral edificante.

Los dineros de Dios

Para construir una catedral gótica se precisaba una incalculable cantidad de dinero y recursos materiales. Es decir, un presupuesto que no sólo fuera abundante y fluido, sino cuya permanencia en el tiempo estuviera en lo posible asegurada. Era previsible que levantar una gran catedral llevara por lo menos varios decenios, y el mayor problema era evitar que las obras se interrumpieran por falta de fondos. Había entonces que movilizar un importante capital, y garantizar que se realimentara a lo largo de dos o tres generaciones.

Pero... ¿de dónde salía todo ese dinero? Pues un poco de todas partes: fondos de la Iglesia, aportaciones de los propios obispos y clérigos, donaciones de los señoríos o ayuntamientos del lugar, tasas especiales al comercio y el transporte, e incluso colectas entre la burguesía y la gente del pueblo.

SECTAS HERMÉTICAS EN LA CATEDRAL

Uno de los mayores enigmas que subyacen en la construcción de las catedrales, es la presencia de ornamentos y símbolos pertenecientes a sociedades y hermandades secretas de la época. En particular los masones, los alquimistas y los templarios. La huella de la masonería se explica más fácilmente, en tanto pertenecían a ella los aparejadores y artesanos que participaban en la obra. Pero no es tan sencillo relacionarla con la alquimia, base de la sabiduría esotérica de la época y principal enemiga de la doctrina eclesiástica. En cuanto a los templarios, siempre a caballo entre el Cielo y el Infierno, hay quienes afirman que eran los impulsores de un proyecto universal milenario, una de cuyas etapas se plasmó en la construcción de las catedrales.

Dejamos planteados estos interrogantes, que trataremos con mayor detenimiento y detalle en un próximo capítulo de esta misma obra.

Las torres de mantequilla

Algunas veces los obispos y canónigos agotaban todas estas fuentes de recaudación y la catedral todavía estaba sin techar o le faltaban, por ejemplo, las torres. En esos casos, aún les quedaba una forma de reanimar las arcas de la Fábrica: levantar algunas prohibiciones a cambio de buenas limosnas contantes y sonantes. La permisión más apreciada y solicitada era la de poder comer mantequilla durante la cuaresma. Los resultados del invento debieron ser bastante exitosos, porque es fama que la Catedral de Bourges y la de Rouen tienen «torres de mantequilla».

Para reunir y administrar esos fondos se constituía una comisión llamada Fábrica (en el sentido latino de construcción), formada por la asamblea de canónigos y las principales autoridades civiles. Este organismo administraba los costes y gastos de la obra y vigilaba la buena marcha de los trabajos. Su primera función era contratar al arquitecto, explicarle el proyecto, y aprobar los planos y el presupuesto. Luego debía encargarse de las expropiaciones que fueran necesarias y controlar el desalojo y disponibilidad de los terrenos afectados. Una vez comenzada la obra, debía seguir el desarrollo de las distintas etapas, en estrecha colaboración con el arquitecto.

La Fábrica también obtenía buena parte de los recursos por medio de donaciones en especie, a cuenta de los artesanos, comerciantes y campesinos: caballos, mulas y bueyes para utilizar como bestias de tiro; vacas, corderos, aves, vino, cerveza y productos de huerta para alimentar a los trabajadores del tajo; o collares, brazaletes, o medallas para fundir y convertir en monedas, más fácilmente negociables. Los cepillos no se colocaban sólo en las iglesias, sino también en las calles, las tiendas, las tabernas y todo sitio donde pasaran los viandantes o se reuniera la gente. Y los pobres que no tenían ni un cuarto, podían colaborar ofreciendo unas jornadas de trabajo gratuito como cargadores o peones. En cuanto a los ricos y grandes señores, llegaban a ofrecer partes considerables de sus ingresos o su patrimonio a cambio del envidiado privilegio de ser enterrados bajo el suelo enlosado de la catedral, con su nombre en la losa correspondiente.

Cuando todos los esfuerzos recaudadores de la Fábrica no eran suficientes para mantener el ritmo de la obra, y ésta estaba a punto de interrumpirse, quedaba aún el recurso de las indulgencias. Se trataba de la condonación parcial o total de los pecados, a cambio de oraciones, sacrificios, peregrinaciones y, sobre todo, grandes limosnas. Las indulgencias más apreciadas y mejor retribuidas era las que garantizaba el propio papa, como el año de indulgencia plenaria ofrecido por Honorio III para proseguir la Catedral de Reims; o la oferta similar respaldada por Clemente IV para impulsar las obras de Burdeos y Narbona.

Antes de recurrir al pontífice, que no siempre estaba dispuesto a conceder sus indultos, la Fábrica podía conseguir una santa reliquia, si es que ya no disponía de alguna, y sacarla en procesión por todo el territorio. Los fieles de otras villas y ciudades solían dar sus limosnas al paso de la reliquia, a cambio de tocarla o besarla para que les ayudara a salvar sus almas. Pero esta invasión de terreno ajeno a menudo enfadaba a los obispos de las diócesis visitadas, y llegó a crear serias disputas en torno al dinero recaudado. Como era de esperar en aquel tiempo de picarescas, no tardaron en aparecer también desfiles de falsos clérigos con reliquias aún más falsas, requiriendo donativos para erigir catedrales imaginarias.

Constructores y artesanos

En aquella época de dominación y servilismo, los aparejadores y artesanos que trabajaban en las grandes construcciones eran uno de los escasos ejemplos de hombres libres e independientes. Por su oficio llevaban una vida itinerante, sin adscripción a ninguna diócesis ni señorío, trasladándose en grupos de familiares que, como expresa la cita de Ken Follett, eran a la vez parientes y compañeros de trabajo.

El perfeccionamiento y especialización de la mano de obra, que se desarrolló precisamente en la Baja Edad Media, llevó a que el conocimiento de las técnicas y procesos de cada profesión manual se guardara celosamente, para transmitirlo sólo de maestro a discípulo. A su vez, la consolidación de la familia como base del ascenso de las capas medias, motivó que el maestro escogiera como aprendices a sus propios hijos, sobrinos, yernos u otros parientes más jóvenes que él. Esos equipos familiares comenzaron a asociarse entre ellos para establecer normas de trabajo, el reparto ecuánime de los encargos y la recepción de retribuciones justas, dando lugar a los primeros gremios organizados, que servían asimismo como autodefensa ante posibles abusos de los poderes dominantes.

Con el fin de impedir el intrusismo profesional por parte de los trabajadores espontáneos o forasteros, los gremios instituyeron un creciente secretismo y unos rígidos controles para el ingreso y formación de los nuevos miembros. Se transformaron así en verdaderas logias iniciáticas, que pronto fueron infiltradas y a veces absorbidas por las sociedades secretas y sectas ocultistas que proliferaban en esos tiempos. Pero esa es ya otra historia, que narraremos oportunamente en otro capítulo de este libro.

Los selectos arquitectos

En las obras de construcción romanas, quien dirigía los trabajos era un pedrero más veterano o más experto, que organizaba las tareas de sus colegas y otros artesanos en forma más o menos empírica. Pero erigir una catedral gótica era una empresa compleja, que exigía un alto nivel de conocimientos técnicos, tanto en su concepción como en su realización práctica y concreta. El antiguo *maître* constructor se transformó entonces en un profesional polifacético, que era a la vez arquitecto, aparejador e ingeniero. A lo largo del siglo XII, la fiebre por construir catedrales creó una gran demanda de estos escasos profesionales, que llegaron a ser muy respetados y bien pagados.

Los nombres de una buena parte de ellos se han perdido o nunca llegaron a registrarse, tal vez por el secretismo que impregnaba las logias gremiales, proclives al anonimato de sus miembros. Pero se conservan algunos ejemplos célebres, como Pierre de Montreuil, el constructor que supo interpretar los deseos del abad Suger en San Denis y trabajó también en Notre-Dame de París, junto a su colega Jean de Chelles; los hermanos Cormont en la Catedral de Amiens; o Jean de Loup y Jean d'Orbais en la de Reims.

El arquitecto gótico era no sólo un excelente técnico, sino también un auténtico artista creador, que traducía en formas, volúmenes y espacios la

concepción teológica del obispo o del capítulo de canónigos que le encomendaba la catedral. Para ello debía diseñar con precisión los planos de la planta y los alzados, desde la visión general a los menores detalles, y presentarlos para su aprobación. Luego, en su faceta de ingeniero, evaluaba la resistencia de los materiales, la distribución de los pesos de carga, la interacción de fuerzas en la estructura del edificio y las líneas de presión que determinaban la disposición de los contrafuertes. De acuerdo con esto, debía prever la clase de material y de maquinaria que utilizaría en cada etapa de la construcción, así como el tipo y cantidad de operarios que serían necesarios. Sólo entonces pasaba a trabajar a pie de obra, ocupándose también de informar a la Fábrica de los aspectos económicos y organizativos de la construcción. Escogía los materiales y controlaba su entrega y utilización; dirigía los trabajos; coordinaba los diversos oficios que intervenían en cada fase constructiva; y se encargaba de contratar y pagar a los obreros y artesanos. Aparte de unos altos y variados conocimientos arquitectónicos, debía poseer una sólida formación teológica y filosófica, que le permitiera entender e interpretar el fundamento religioso del encargo y discutir con obispos y clérigos la forma de llevarlo a la realidad.

La posesión de tanta sapiencia motivó que los constructores de catedrales fueran considerados y tratados como hombres excepcionales. El epitafio de Pierre de Montreuil lo denomina «doctor en piedras», cuando el título de *docteur*, muy superior al de *maître*, sólo se otorgaba a los más eruditos profesores de universidad o, como es sabido, a los grandes teólogos de la Iglesia. En la tumba de Hugues de Libergier, uno de los constructores de la Catedral de Reims, se puede ver la imagen del difunto llevando las vestimentas que se reservaban a los hombres muy sabios, rodeado por los instrumentos simbólicos de su profesión: la escuadra, el compás y la regla.

Ese prestigio profesional y social llevó al selecto colectivo de arquitectos a una actitud elitista, que los distanció definitivamente de su origen artesanal. Dirigían sus trabajos a través de un maestro de obras y, según narra Nicolás de Viard a comienzos del siglo XIII, «daban órdenes sólo por la palabra y jamás metían las manos, aunque recibían salarios mucho más altos que los demás... Sosteniendo su vara y sus guantes, decían a los otros: "Esta piedra me la cortas por aquí y la pones allá"».

El arquitecto negociaba personalmente el monto de sus honorarios y las facilidades que recibiría en especie, dependiendo de su mayor o menor reputación. El trato solía incluir un vestuario acorde con su posición, una vivienda gratuita con alimento para la familia y sus servidores, y en algún caso también la exención de pagar impuestos. Estos privilegios les ganaron la envidia y las críticas de otros estamentos, y en el plano laboral, frecuentes tensiones con los maestros de obra, que debían soportar sus desplantes y capear sus ausencias. Éstas se daban muy a menudo entre los arquitectos de mayor fama, que aceptaban el encargo de varias obras al mismo tiempo, como Gautier de Varinfroy en las catedrales de Meaux y Evreux; o Martín Chambiges en las de Troyes, Sens y Beauvais.

Esos arquitectos pluriempleados debían repartir su tiempo entre cada una de sus obras, y su ausencia no sólo irritaba al maestro aparejador sino que provocaba perjuicios y retrasos a la propia construcción. Los contratantes, advertidos de estos riesgos, redactaron entonces normas contractuales más rigurosas que, por ejemplo, impedían al arquitecto dirigir otras obras antes de terminar su compromiso, salvo que fuera dentro de la propia diócesis, a pedido y con autorización del obispo o el capítulo.

Los oficios y sus trabajos

La construcción de una catedral gótica requería de la labor de diversos oficios, cuyos maestros, operarios y aprendices pasaban a vivir largas temporadas en las proximidades del recinto de la obra. Los más destacados eran los que trabajaban los materiales básicos, que eran la piedra y la madera, pero todos tenían su función y eran tratados con respeto, tanto por los otros gremios como por los contratantes y la gente del pueblo. La figura más representada en los relieves y miniaturas no era el maestro de obra, sino el humilde peón que preparaba la mezcla de mortero. Su trabajo era tanto o más importante que los otros, porque de su buen hacer dependía que no se produjeran derrumbes y accidentes en la obra, y que la catedral se mantuviera incólume a lo largo de los siglos.

Los talladores de piedras y los escultores formaban un gremio único, ya que no era fácil establecer la frontera entre una y otra especialidad. En las miniaturas y pinturas que describen las obras de construcción de una catedral, ambos oficios aparecen juntos en un solo equipo. Sin embargo, no siempre compartían el mismo espacio. Era frecuente que los talladores instalaran talleres junto a la cantera, para allí dar forma a las piedras de paramento, tambores de columna, molduras o dinteles, que luego llevaban a la obra evitando el traslado de la piedra en bruto y el esfuerzo de evacuar el material sobrante. Los escultores, en cambio, debían trabajar a pie de obra,

Colores con significado

Hoy vemos las tallas y estatuas góticas con el color de la piedra en que fueron esculpidas, pero originalmente eran coloreadas por un artesano denominado pintor de imágenes. Éste seguía la simbología cromática de la heráldica, también establecida en el siglo XII: el blanco o plata se asociaba a la pureza y la sabiduría; el amarillo u oro, a la grandeza y la virtud; el verde o sinople a la esperanza, la libertad y la alegría; el rojo, o gules, a la victoria y la caridad; el azul, o azur, a la perseverancia y la fidelidad; el violeta, o púrpura, al poder y la soberanía. Finalmente el negro, o sable, representaba la tristeza, pero también la fuerza de voluntad.

para no arriesgarse a que sus imágenes y esculturas ornamentales se rompieran o deterioraran en el trayecto.

Al igual que los talladores, los carpinteros formaban una categoría de artesanos relativamente privilegiada. Considerados durante mucho tiempo los maestros absolutos de la construcción, su prestigio comenzó a decaer ya en el siglo XI con la generalización de las bóvedas de piedra, que ocultaban a la vista sus estructuras de madera. Desde entonces, ambos gremios se disputaron, a veces con violencia, la primacía en las obras de construcción. Pero debieron continuar estrechamente ligados porque, puestos a trabajar, no tenían más remedio que depender el uno del otro.

El maestro carpintero dirigía todos los trabajos en madera, que se desarrollaban desde el comienzo hasta el final de la obra. Era en verdad un técnico muy capacitado, que podía discutir con el arquitecto las estructuras de

madera que debían levantarse, tanto permanentes como provisionales, y los aparejos, escaleras y andamios que utilizarían los albañiles, escultores y vidrieros para trabajar a distintas alturas, dentro y fuera del edificio. A veces construía también la maquinaria de apoyo para elevar las piedras y otros materiales, como las «ardillas» giratorias y las cabrias de tres montantes. Pese a la hegemonía ostentada por la piedra, la madera jugó un papel fundamental en la construcción de las estructuras básicas que sostenían las cúpulas y tejados. Se trataba de piezas que exigían una gran habilidad técnica, cuyos perfectos ensamblajes y combinaciones de fuerzas testimonian su relación con la carpintería naval. De hecho, en las regiones de fuerte tradición marítima, los maestros carpinteros compartían la construcción de catedrales con el trabajo en las atarazanas. Otra función importante de la madera era la de encofrar los muros y columnas mientras se estaban levantando, y sostener con cintras las formas curvas hasta que se secara bien la argamasa que unía sus piezas.

Quien levantara la vista al observar la obra de una catedral, podía ver en lo alto a los «cubridores», encargados de revestir la superficie de los tejados con tejas o pizarra y forrar con plomo las agujas que coronaban las torres o los pináculos que se elevaban sobre los arbotantes. Eran también los responsables de una tarea delicada: poner a punto la red de desagües y evacuación de las aguas pluviales, instalando canalones y bajantes en los aleros y repartiendo alrededor del tejado las famosas gárgolas de piedra realizadas por los escultores.

Otro gremio de gran importancia era el de los *forgerons* o herreros forjadores, más sedentarios pero muy activos, que fabricaban, reparaban y afilaban casi todas las herramientas y útiles de la obra, al tiempo que la proveían de grandes cantidades de clavos de todo tipo y tamaño. Actuaban tanto fuera como dentro del edificio, colocando los tirantes metálicos que ayudaban a sostener muros y bóvedas, o a ensamblar las partes de los vitrales. Junto a ellos trabajaban los «serradores de hierro», que se hacían cargo de toda la ferrería de puertas y ventanas, ya fuera ornamental o funcional, con especial dedicación a las bisagras y cerraduras. Eran también artesanos muy especializados, ya que de su buen hacer dependía la seguridad del templo y la protección de los tesoros y reliquias.

Cuando la obra estaba casi terminada, intervenían dos gremios que tenían buenas razones para malquererse: los pintores y los vidrieros. Los primeros, cuya labor era fundamental en las pinturas y frescos interiores de los templos románicos, habían visto reducida su tarea, y por lo tanto su importancia, ante la ligereza de los muros góticos que permitió la aparición de las vidrieras decoradas. Y a medida que éstas se hacían más grandes y sofisticadas, menor era el espacio y menores eran las oportunidades de los pintores para realizar su tarea. No obstante mantuvieron su presencia coloreando estatuas y pintando frescos en las altas bóvedas, o decorando espacios cerrados como las capillas y estancias interiores. Algunos de ellos se pasaron a la ilu-

Reuniones en la logia

Cada gremio acostumbraba a construir una *loge* (voz francesa de la que deriva «logia»), especie de cabaña de piedra o madera levantada en los terrenos de la obra, cuando no adosada provisionalmente a los propios muros. Su función era de orden práctico, ya que servía como almacén de materiales y herramientas, y también como taller de invierno o lugar de trabajo en caso del mal tiempo. En contra de lo que suele creerse, no era utilizada como vivienda o dormitorio de solteros, aunque su tamaño permitía reunir unos veinte operarios para recibir las órdenes del día del *maître* o el jefe de equipo. Las posteriores reuniones de las logias masónicas no se efectuaban ya en estas cabañas sino en otros recintos, que conservaron ese nombre de forma simbólica.

minación de salterios, libros de horas y códices, en un momento en que la ilustración miniaturista alcanzaba su máximo esplendor.

Pero la batalla por la decoración de las catedrales fue ganada ampliamente por los vidrieros que, aunque recién llegados, pudieron plasmar dos conceptos fundamentales del ideario gótico: la luz y el colorido. Los ventanales de vidriera y los intersticios de los rosetones se cerraban con varios trozos de vidrio ensamblados entre sí, cuyas formas y colores componían escenas de temas diversos. Contra lo que suele creerse, los vidrieros no fabricaban su material básico, que encargaban a vidrierías locales o de poblaciones próximas. Lo que sí hacían era cortar las piezas del vitral, a partir de un «cartón» o modelo a tamaño real, y colorearlas con polvos extraídos del mundo vegetal y mineral. Estas tinturas eran el gran secreto del gremio de los vidrieros, y los componentes y su preparación se transmitían sólo en forma oral, al punto que aún hoy se desconocen las fórmulas de algunos colorantes empleados en los vitrales.

La vida alrededor

La repercusión de una obra tan larga y compleja, llegaba mucho más allá de los límites y alrededores de la construcción. Un ejemplo típico eran las empresas de transportes, que prosperaron con el acarreo de troncos y piedras desde bosques y canteras distantes, ya fuera por vía terrestre o fluvial. El uso de vehículos de tracción animal alimentaba no sólo una creciente industria de fabricación y reparación de carros, sino que requería conductores expertos y gran número de talabarteros y herreros para confeccionar los arneses y herrajes de los animales. Y en tanto éstos debían ser alimentados, surgieron cultivos específicos de piensos y forrajes, así como transportistas que se ocupaban de su distribución. También era imprescindible construir y mantener caminos y levantar puentes, que de paso servirían para los futuros visitantes y peregrinos que atraería la nueva catedral. La ofer-

ta de trabajo incluía asimismo a los leñadores que talaban los bosques, los cordeleros que tejían las sogas que levantaban y sostenían los materiales, los alfareros que moldeaban y horneaban las tejas y ladrillos, los carboneros y leñeros que suplían el combustible para las forjas, chimeneas y hornillos.

Por otra parte, era habitual que los trabajadores que se instalaban en la obra de una catedral llevaran a mujeres e hijos consigo. La construcción reunía así a un considerable número de personas, que a su vez atraían a proveedores, tenderos y artesanos que se instalaban en el lugar. Tal agrupación de gente llamaba la atención de mercaderes y feriantes, que se acercaban a ofrecer su negocio. Hubo ocasiones en que una diócesis poco poblada o un monasterio solitario, al acabar de construir su catedral, se encontraba rodeado por una villa próspera y activa que generalmente adoptaba su mismo nombre (como el de Kingsbridge en *Los pilares de la Tierra*). Pero no siempre los arquitectos y maestros estaban todavía allí para verlo.

Una vez terminada la obra y cumplidas las fastuosas ceremonias de inauguración y consagración de la catedral, era raro que sus constructores perma-

LOS PRECURSORES DE LA MASONERÍA

La palabra francesa *maçon* significa albañil; el término *francmaçon* designaba a los constructores de catedrales, cuyos secretos profesionales eran compartidos en la *loge*, o logia. De alguna manera, aquellos pedreros y albañiles medievales fueron los precursores de la sociedad secreta que lleva el nombre de francmasonería, o masonería. Desde luego, entonces se limitaban a reunirse en su logia a puerta cerrada para transmitir, de maestro a discípulos, los conocimientos y trucos de su oficio. El sentimiento de fraternidad agregó a ese saber técnico normas de tipo moral, como la honestidad, la solidaridad, la lealtad, o la rectitud en la profesión y en la vida, comprometidas por votos y juramentos iniciáticos. La logia se convirtió en un lugar casi sagrado y la hermandad en un círculo exclusivo y secreto.

Más tarde ingresaron en las logias personas que nada tenían que ver con la construcción de edificios y menos aún con la clase obrera; que impulsaron la conversión de la masonería en la más importante de las sociedades secretas. Su presencia y su influencia se extendió por todo el mundo e intervino en los más diversos asuntos, actuando siempre desde la sombra. A lo largo de la historia fue uno de los principales enemigos del Vaticano y los regímenes autoritarios, que se ocuparon de atribuirle una leyenda negra de satanismo y hechicería.

necieran en el lugar. Algunos habían consumido su vida útil en aquella construcción de varias décadas y se retiraban a descansar en su lugar de origen. Los que aún tenían edad para seguir en activo, se marchaban para cumplir algún nuevo encargo; otros se habían ido ya antes, a causa de una interrupción puntual de los trabajos, una disputa con el arquitecto, o una oferta más sustanciosa en otra obra.

Las condiciones de trabajo

Los constructores de catedrales eran individuos libres e independientes, aunque por su profesión se agruparan en corporaciones rígidas, disciplinadas y jerárquicas. Al menor contratiempo podían volver a los caminos, generalmente con todo su equipo, sin dejar por ello de pertenecer al gremio que los acogía.

Esta movilidad itinerante se remontaba a la época romana, y era especialmente tradicional para los pedreros y carpinteros. En la Baja Edad Media, sólo entre un cinco y un diez por ciento de los trabajadores cualificados que intervenían en la obra de una catedral eran reclutados localmente. El resto provenía de otras latitudes (en realidad, de la última en la que cada cual había trabajado) y en su contratación intervenían casi siempre los poderosos gremios. Tanto la vida itinerante como la pertenencia a las organizaciones profesionales respondían a razones económicas. La primera, porque obviamente en ningún sitio se construían dos catedrales sucesivas; la segunda porque siendo forasteros, el gremio trataría mejor con las autoridades locales, defendiendo los salarios y condiciones contractuales. Esta intermediación suscitaba con frecuencia los recelos de las autoridades contratantes.

La actitud reivindicativa de las organizaciones profesionales incrementaba sin duda el coste de la mano de obra, y por lo tanto el presupuesto de la construcción. Cada vez que se renegociaban los contratos, los obispos y fábricas intentaban neutralizar la intervención de los gremios, ofreciendo regalías personales a los *maîtres* de los distintos oficios, habitualmente sin ningún éxito. También hubo intervenciones de la propia Iglesia, es decir, de la mismísima Santa Sede, dispuesta a emplear mano dura. Citaremos dos casos: el concilio de Roma desautorizó a las hermandades profesionales en 1189; y, en 1326, el concilio de Aviñón rechazó toda asociación mutual no reconocida oficialmente por la jerarquía eclesiástica. La autoridad civil no le fue a la zaga, y ejemplo de ello es el Consejo Municipal de Amiens, que, a finales del siglo XIII, prohibió las reuniones de más de cuatro trabajadores o la tenencia de una caja común.

¿Estaban realmente tan bien pagados los constructores de catedrales? Es difícil establecerlo con certeza, ante la escasez de datos comparativos, la gran variedad de profesiones implicadas y sus distintos niveles, o las múltiples ventajas ofrecidas en especie, como alimentos, vino, leña, prendas y útiles de trabajo, etc. Según el experto francés Claude Wenzler, en los libros contables de las fábricas aparecen dos tipos de remuneración: por trabajo realizado, o por jornada cumplida. De acuerdo con esas mismas cuentas, los profesionales mejor pagados, aparte del arquitecto, eran los pedreros, talladores, carpinteros, albañiles, y herreros, muy probablemente porque de su buen hacer dependían la calidad y la longevidad de la futura catedral.

La obra de la catedral hervía de actividad desde la salida del sol hasta el crepúsculo. La jornada media de trabajo establecida era de doce horas en verano y nueve en invierno, aunque con numerosas pausas para descansar o reponer fuerzas. Entre los domingos y fiestas religiosas había unos cuarenta días festivos al año, aparte de una larga pausa invernal. A medida que avanzaba el frío y el mal tiempo, las obras se iban lentificando, hasta detenerse por completo a principios de noviembre, a menudo aprovechando la fiesta de San Martín, el día 11 de dicho mes. Los trabajadores cubrían las partes inacabadas con cenizas o paja para preservarlas del hielo. Si había fondos suficientes, algunos escultores y carpinteros seguían trabajando a cobijo en sus *loges*, preparando por adelantado tallas en piedra o piezas de madera. Pero el resto prefería alejarse por un tiempo de una región que siempre los había considerado forasteros, y no sin motivo. Aprovechaban entonces para pasar esa temporada en sus pueblos natales, reunirse con compañeros de otras construcciones, o viajar sin rumbo fijo hasta que se anunciara la primavera.

Los arcanos de piedra

Aparte de esplendoroso icono de la Cristiandad, la catedral gótica era al mismo tiempo un monumento esotérico, una construcción que recogía arcanos espirituales y conocimientos secretos acumulados durante milenios. Desde la numerología y la geometría mágica, hasta las señales geodésicas y cósmicas, los signos cabalísticos, los cultos solares, los enigmas laberínticos, o la simbología secreta de la masonería y la alquimia. Esos arcanos provenían de diversas fuentes herméticas, como la astrología y la cosmología del antiguo Egipto o el propio esoterismo cristiano, incluyendo las pitonisas griegas, los mitos paganos, el demonismo, la hechicería de la Alta Edad Media y la búsqueda alquímica de la piedra filosofal.

De la tierra al cielo

Cuando los primeros catequistas cristianos llegaron a las Galias y Britania (donde, no por casualidad, nacieron las primeras catedrales góticas), encontraron un culto fuertemente arraigado: el de los sacerdotes druidas, herederos de las antiguas creencias y tradiciones celtas. Las dos religiones se enfrentaron sobre el terreno, pero al mismo tiempo establecieron un fuerte sincretismo simbólico y litúrgico. Señalemos, por ejemplo, que ambas tenían la cruz como emblema sagrado, y que el cristianismo adoptó las vestimentas sacerdotales druídicas y asumió varias festividades paganas del ciclo anual.

Los druidas veneraban la naturaleza, y eran expertos en sus secretos y fuerzas ocultas. Sus ritos y conjuros se realizaban en lugares especialmente sensibles a ciertas misteriosas energías. Casi todas las catedrales góticas se erigieron en esos mismos sitios sagrados, honrados como tales desde la más remota Antigüedad. Hoy sabemos que se trata de accidentes geológicos, como fracturas en las placas tectónicas o corrientes de agua subterráneas, que eventualmente podrían producir algún tipo de vibraciones telúricas. La Catedral de Chartres, por ejemplo, se levanta sobre los vestigios de un centro del culto druídico, cubiertos después por un templo romano, que en el siglo IV dio lugar a una basílica cristiana, a su vez reemplazada sucesivamente por varias iglesias hasta llegar a la famosa catedral. Otro caso interesante es el de la Catedral de Mans, en la que se conserva un auténtico menhir prehistórico, bastante intacto, en el ángulo sudoeste de una nave lateral.

El menhir es el primer monolito vertical que simbolizó el ansia del ser humano por elevarse hacia el cielo, por tomar contacto con un cosmos misterioso que alojaba las fuerzas desconocidas de las divinidades. El mismo papel tuvieron las pirámides, los obeliscos, los tótems, los stupas budistas y, desde luego, las torres y agujas de las catedrales góticas. Podríamos decir que ellas son la culminación de una serie de monumentos verticales, que apuntan al cielo desde un firme arraigo en la tierra. La catedral, además, completa el ciclo: la cripta que simboliza el mundo subterráneo, morada ancestral de los demonios del mal; las torres que se elevan para alabar a Dios, fuente de todo bien; y, en medio, las naves de la iglesia, ámbito terrenal y humano, sacralizado para la meditación y la oración.

El poder de los números

Los arquitectos góticos, al igual que sus antecesores egipcios y griegos, y, hasta hace muy poco, los sistemas métricos británicos, empleaban el cuerpo humano como referencia para medir los espacios y las cosas. Las medidas pequeñas se tomaban apoyando el pulgar doblado sobre la superficie, lo que daba una *pulgada* (todavía vigente en muchos oficios), de unos 2,5 cm; los objetos medianos se medían con *palmos,* de unos 20 cm, o *pies,* de 33 a 35 cm; y los mayores en *codos,* de aproximadamente 52 cm. Estas medidas prácticas, sumadas o combinadas cuando era necesario, eran suficientes para la construcción propiamente dicha, una vez que estaban trazados los planos, en los cuales se debían establecer las dimensiones de los grandes bloques básicos, con sus naves, transeptos, ábsides, torres, etc. Como en toda construcción sacra, estos elementos no se disponían «a ojo», según el buen saber y entender de los constructores. Tanto los arquitectos como algunos canóni-

El número de oro

La más prestigiosa y difundida de las fórmulas matemáticas era la «sección áurea», llamada también divina proporción, que pretendía establecer una relación perfecta entre el todo y las partes. Se dice que fue descubierta por matemáticos egipcios, y se empleó en la mayor parte de los edificios y monumentos clásicos. El principio consiste en la división armónica de una recta, de forma que «el segmento menor es al segmento mayor como éste es al todo». Su resultado, llamado «número de oro» es 1,618, ampliamente utilizado por los arquitectos góticos y los artistas del Renacimiento.

gos eran duchos en el manejo de fórmulas matemáticas basadas en la geometría euclidiana y la aritmética indoárabe, que contenían relaciones y simbologías religiosas, cuando no directamente mágicas.

San Agustín consideraba a los números como pensamientos de Dios, y toda arquitectura de intención religiosa o sagrada les ha conferido un valor simbólico y un cierto carácter de perfección. Los romanos otorgaban esta misteriosa cualidad a los dígitos de la primera docena. El arte gótico, además, sumó, multiplicó, y combinó en distintas variantes dichos dígitos hasta constituir una verdadera ciencia más o menos hermética.

Veamos, en grandes líneas, sus significados según la numerología del esoterismo cristiano:

1. Significa la Divinidad, el punto de partida de todas las cosas, incluyendo la serie de números naturales. Es también la unidad sagrada, el principio y el fin.

2. Simboliza los dualismos, tanto complementarios como opuestos: el cielo y la tierra, bien y el mal, lo masculino y lo femenino, la polaridad que hace posible la manifestación de la vida.

3. Su representación prácticamente exclusiva era la Santísima Trinidad, quizá el mayor y más controvertido misterio dogmático del cristianismo. La divinidad ternaria está también presente en otras religiones: Osiris, Isis y Thot en Egipto, o Brama, Vishnú y Siva en el hinduismo.

4. Simboliza el equilibrio material y espiritual: cuatro son los elementos, las estaciones del año, los puntos cardinales, los evangelistas y las virtudes cardinales.

5. Utilizado en puntas de estrellas o rayos de sol, simboliza la potestad creadora de Dios y, en tanto suma de 3 y 2, la vinculación de la Trinidad con el dualismo hombre-mujer, o sea el género humano.

6. No muy empleado en la arquitectura gótica, al ser suma del 2 y el 4 suele representar la virtud de lo completo, el equilibrio perfecto.

7. Número simbólico y mágico en sí mismo, su prestigio proviene de las siete jornadas del Creador en el Génesis, así como de las siete leyes herméticas de *El Kybalión,* de Hermes Trimegisto. Siete son también los sacramentos, los pecados capitales, los días de la semana, las maravillas del mundo clásico y las notas musicales. Esta cifra cierra el primer ciclo de la numerología.

8. Al ser inicio de un nuevo ciclo, representa el renacimiento, la renovación, el impulso creador y, en clave evangélica, la Resurrección. Por esto mismo suelen ser ocho las figuras de almas reencarnadas ante el Juicio Final. Es también símbolo de justicia reparadora, en alusión a la octava bienaventuranza: «Dichosos los que tienen hambre y sed de justicia, porque de ellos será el reino de los cielos».

9. Es frecuente en la representación de la Jerusalén celestial, un plano dividido en nueve cuadrados o «cuadras». Se lo considera también símbolo de la luz, por eso las líneas de vidrieras en las catedrales solían dividirse en tres triforios, sumando nueve lucernarios o fuentes de luz.

10. Es la cifra de perfección y de retorno a la divinidad, en tanto es la suma de los cuatro primeros dígitos, y el número de los mandamientos de las Tablas de la Ley. Excepto para representar éstas, no ha sido muy empleado en la arquitectura catedralicia.

11. Es el menos importante de los números del segundo ciclo, y poco se puede decir sobre su significación y presencia en el campo de la construcción religiosa.

12. Número de gran simbolismo, que cierra la serie total de números «sagrados» y simboliza a la Iglesia universal en la representación de los doce apóstoles. Pero también en las doce tribus de Israel, las doce puertas de la Jerusalén celeste, los doce meses del año o signos zodiacales, representados con frecuencia en las catedrales góticas.

Apuntemos, finalmente, que la mala fama del número siguiente, el 13, se atribuye a que es la primera cifra no divina, que corta la continuidad de la serie perfecta, sin duda a causa de los efluvios malignos que posee.

Ahora bien, ¿cómo se utilizaba toda esta numerología simbólica en el diseño y construcción de las catedrales góticas? Lo cierto es que la casi totalidad de su estructura, desde la planta hasta los volúmenes que la alzaban, responden a fórmulas elaboradas a partir de ese simbolismo matemático. Toda catedral puede desagregarse en unas pocas formas geométricas sencillas, basadas en la significación de los doce números sagrados. La unidad, imagen del Dios único, se identifica con el punto y su extensión, el círculo, que alude también a los cultos solares. Son circulares los rosetones que presiden los pórticos, por los que se ve nacer la luz del día, y un semicírculo forma del ábside, cabeza de la cruz y sede de la cripta escondida. La planta en crucero expresa la fuerza del número dos, la dualidad, las direcciones horizontal y vertical que componen el mundo. La Trinidad está representada en los tres pórticos de la fachada, los triforios, las tres marcas que dan acceso al coro, y el triángulo piramidal de algunos tímpanos o los que forman las nervaduras ojivales de las bóvedas. El cuadrado, generalmente como rectángulo de proporción áurea, otorga simbolismo de divino equilibrio a las plantas de las naves y los planos de los tejados. Las torres tienen con frecuencia planta cuadrada, pero también las hay en forma de prismas hexagonales u octogonales, así como las linternas, flechas y pináculos exteriores.

Para cumplir las estrictas normas simbólicas que se han señalado, los arquitectos medievales diseñaban con regla, escuadra y compás todas las formas y volúmenes de la futura catedral, desde la estructura básica del conjun-

La caída de la flecha

Pese a simbolizar y anunciar desde lo alto la gloria de Dios, y de paso el poderío del obispo o el orgullo del municipio respectivo, las flechas que se empinaban sobre las torres y arbotantes eran elementos vulnerables, a merced de los vientos, nevadas y tormentas. Su frágil estructura de madera emplomada solía derrumbarse con harta frecuencia, como ocurrió con la flecha más alta de Europa (142 m) que coronaba la Catedral de Estrasburgo. Desprendida por una tempestad, atravesó el tejado, la armazón de madera y la bóveda, para estrellarse contra el suelo de la nave. No fue el único caso, ya que numerosas catedrales han sufrido graves daños por accidentes similares.

to hasta los menores detalles. Luego las medidas del boceto se trasladaban al terreno usando una cuerda de doce nudos, método que ya empleaban los constructores de las pirámides egipcias. Esas formas, su repetición o combinación, junto a la abundante iconografía gótica, constituían una especie de lenguaje críptico. El hombre medieval, volcado tanto hacia lo sagrado como a lo oculto, podía «leer» la catedral como un libro de doctrina cristiana, pero también como una narración de la historia mítica del mundo.

El sueño del alquimista

El simbolismo de la catedral gótica no representaba sólo los signos visibles e invisibles de la teología, la historia y la doctrina del cristianismo, sino también, como se ha dicho, los de sectas y mitologías ajenas y muy anteriores a la prédica del Evangelio. La propia numerología, que daba significado espiritual a su forma material, era una antiquísima ciencia hermética, probablemente de origen sumerio, y ya Pitágoras afirmaba que «los números sostienen el secreto de las cosas». Es indudable que su adopción por la Iglesia ilustra la tendencia del cristianismo primitivo a apropiarse de simbologías preexistentes.

Al comenzar el siglo XII, la Iglesia medieval aún temía a dos severos adversarios: los cátaros, de los que hablaremos más adelante, y los alquimistas. Estos últimos habían adoptado una milenaria práctica hermética de los sacerdotes faraónicos, transmitida a Europa por los árabes de la península Ibérica. Sus principios se adaptaron a las experiencias de la hechicería medieval, aunque reemplazando los conjuros por experimentos de laboratorio, si así puede decirse.

El origen y finalidad de la alquimia era una pretensión desmedida: transformar en oro los metales comunes o «viles», preferiblemente el plomo. Desde el punto de vista de la Iglesia tal afán, aparte de ser flagrante pecado de

codicia, pretendía alterar el orden natural de la Creación y por lo tanto desafiaba al mismísimo Creador.

Auque nunca llegaron a alcanzar su sueño de transfigurar el plomo en oro, los alquimistas consiguieron producir algunos cambios en los elementos, por lo que se los considera precursores de la química científica. Manipulando metales y otros minerales, comprobaron que al calentarlos en hornos, mantenerlos a temperatura constante con lámparas de aceite, o someterlos a la luz solar en probetas herméticas, ciertos cuerpos cambiaban de estado, transformándose en gases, vapores, polvos o líquidos.

Nuestra Señora de la Alquimia

Los tres grandes pórticos de la Catedral de París despliegan una suerte de libro de piedra dedicado a los símbolos herméticos de los alquimistas. En un friso del pórtico central, por ejemplo, puede verse una serie de medallones con figuras sentadas, que sostienen dentro de un círculo imágenes de las distintas labores secretas de la alquimia: el cuervo que simboliza la putrefacción, la salamandra que alude a la calcinación, o la serpiente del mercurio filosófico. Hay también un carnero, símbolo del principio metálico masculino, y la propia Alquimia aparece sentada en su trono, con un cetro en la mano izquierda y dos libros en la derecha: uno abierto que representa lo exotérico, y otro cerrado que alude al conocimiento esotérico. Sobre su pecho se apoya una escalera de mano con nueve peldaños, uno para cada uno de los pasos sucesivos de la labor hermética. Los mismos signos aparecen en el pórtico de la Catedral de Amiens, y parcialmente en otras iglesias góticas.

Esos experimentos buscaban obtener la mítica «piedra filosofal», capaz de purificar la materia transformándola en oro, pero también símbolo filosófico de una elevación espiritual, que transmutaría al hombre en un ser inmortal y perfecto. El cristianismo propugnaba, obviamente, un camino distinto para alcanzar la perfección, consistente en alcanzar la Gloria Eterna en el más allá, con la imprescindible intermediación de la Iglesia.

Los obispos y canónigos, con la complicidad de las autoridades civiles, se dedicaron a perseguir a los alquimistas, acusándolos de brujería, demonismo y, en forma más concreta, de impostores y monederos falsos. El pueblo medieval, siempre inclinado a misterios y ocultismos, aceptó con facilidad las patrañas difundidas desde pregones y púlpitos. Los practicantes de la alquimia se vieron así obligados a incrementar su opacidad original, formando reducidos grupúsculos secretos que utilizaban un lenguaje críptico y símbolos y códigos herméticos que sólo ellos podían descifrar. Para sus experiencias y sus reuniones filosóficas buscaban refugios discretos, ocultos a la vigilancia de la autoridad y apartados de los itinerarios de las rondas nocturnas.

¿Y qué mejor sitio que una catedral para reunirse a escondidas en la ciudad medieval? Como bien sabían los amantes furtivos y los fugitivos de la ley, siempre había una puerta entreabierta para colarse en sus naves sombrías y acceder a rincones protectores, pasillos perdidos, vanos de escaleras, capillas olvidadas, y otros recovecos rara vez visitados, incluso de día, incluyendo la cripta subterránea, que era en sí misma un misterioso recinto escondido. Por otra parte, los alquimistas no podían ignorar que la catedral era sólo en parte un templo cristiano, emplazado sobre un lugar mágico, centro de vibraciones cósmicas y energías sobrenaturales. No es sorprendente que escogieran para sus encuentros ese particular ámbito, que mezclaba lo sagrado con lo esotérico.

Menos sencillo es saber cómo se las arreglaron los alquimistas para dejar marcas bien visibles de sus signos y figuras simbólicas, talladas en los pórticos y frisos de las catedrales góticas. Sabemos que los albañiles *(maçons)* introdujeron sus signos masónicos en la ornamentación catedralicia, o que algunos patrocinadores secretos de las obras, como los templarios, exigieron la presencia de los suyos. Es también probable, como sugiere Fulcanelli, que la Iglesia y la alquimia llegaran a acuerdos, necesariamente ocultos, para la construcción de una catedral. Sea cual sea la explicación, los signos están ahí, y una catedral tan emblemática como Notre-Dame de París es un verdadero muestrario de la simbología alquímica.

El enigma del laberinto

La más enigmática e indescifrable figura que ornaba las catedrales góticas era un laberinto, pintado o encastrado en el enlosado del suelo. Abarcaba todo el ancho entre columnas de la nave central, y solía ubicarse a la entrada de ésta o en el crucero del transepto, delante del altar. Lo curioso de su presencia en las catedrales es que el laberinto no forma parte de la iconografía cristiana, ni aparece en ninguna otra representación de los signos simbólicos de la Iglesia. ¿Cómo y por qué se incorporó a la ornamentación de las catedrales? La respuesta sigue siendo un misterio para historiadores y estudiosos del arte gótico.

A esta figura se la denomina también Dédalo, en homenaje al personaje de la mitología preclásica griega que construyó un laberinto para Minos, rey de la isla de Creta. Al parecer Dédalo fue cómplice de las relaciones zoofílicas de la reina Pasífae y un toro, apareamiento del que nacería el Minotauro. Enfurecido por la alcahuetería del arquitecto, el monarca lo hizo encerrar en el laberinto junto a su hijo Ícaro, que alcanzó fama por intentar escapar con unas alas de pega y acabar cayendo al mar. Dédalo sí consiguió huir, y según algunas versiones de su leyenda se refugió en Sicilia. Allí habría construido canales y fortificaciones, desarrollando, además, la artesanía en madera y en joyas preciosas.

¿Por qué fueron borrados?

Muchos autores esotéricos consideran que borrar una obra de arte histórica para que no jueguen en ella los niños, es una excusa un tanto traída por los pelos. Sostienen a cambio que los laberintos eran figuras mágicas cuya función esotérica se ha perdido, pero cuya presencia en las catedrales molestaba e irritaba a las autoridades eclesiásticas. Los defensores de esta explicación celebran no obstante que el laberinto de Chartres permanezca intocado. Señalan asimismo que por algo será, aludiendo a que se trata, como veremos más adelante, del templo gótico más ligado al ocultismo y a las sociedades secretas.

No es improbable que los pedreros y carpinteros góticos conocieran la leyenda o, al menos, el personaje: un gran arquitecto de la Antigüedad, maestro de la piedra y la madera. Y en tanto Dédalo se identificaba con su mayor obra, le rindieran homenaje incluyendo la figura de un laberinto en la ornamentación de las catedrales. Es ésta una explicación realista y, valga la paradoja, sin muchas vueltas: remite a la costumbre de los artesanos medievales de buscar patrones idealizados que protegieran e inspiraran su trabajo.

Los estudiosos que representan a la Iglesia sostienen un argumento más espiritual: el laberinto, si bien tomado de la mitología griega, era una representación del «Camino de Jerusalén», a su vez símbolo del azaroso transcurso de la vida del cristiano en busca de la salvación eterna. El fracaso de las cruzadas hacía imposible la peregrinación a la Jerusalén real, por lo que sería razonable aceptar que el itinerario del laberinto, que a menudo alcan-

zaba a más de 250 m y que los fieles recorrían orando y de rodillas, reemplazaba a aquel otro acto de fe devenido imposible.

Durante el siglo XVIII, olvidado ya su simbolismo, la mayor parte de los laberintos fueron borrados o destruidos. En realidad sólo quedó uno auténtico, el de la Catedral de Chartres, aunque por los bocetos originales o dibujos posteriores sabemos de su presencia en las de Amiens, Reims, Arras, Sens o Auxerres, entre otras. La razón oficial de su supresión fue que los niños los utilizaban para jugar y saltar mientras sus mayores asistían a la santa misa, lo que alteraba el recogimiento y la concentración que exige el Oficio Divino.

Mercaderes y pecadores en el templo

La catedral gótica no era sólo el centro de la vida religiosa, sino también de toda actividad o celebración multitudinaria y popular, desde las ferias y mercados hasta las fiestas paganas. Los arquitectos dejaban siempre en sus planos un amplio espacio frente a la escalinata de la fachada, que era pavimentado o empedrado por los mismos trabajadores que enlosaban el suelo de la catedral. Ese ámbito abierto era habitualmente el mayor espacio al aire libre de la villa medieval, con una serie de ventajas agregadas: poseía un pavimento que impedía la formación de charcos y barrizales, las torres catedralicias permitían a visitantes o invitados ubicarlo desde cualquier punto y a considerable distancia, ofrecía en caso de lluvia o tormenta el eventual refugio del interior del templo, y la proximidad de éste confería boato y un toque de espiritualidad a lo que fuera que se celebrara en la plaza.

A medida que se acercaba el invierno, los feriantes y consumidores que describe Ken Follett iban buscando el calor de la fachada catedralicia, llegando a invadir las escalinatas del atrio y a instalarse en el ancho vano de los pórticos. Y si arreciaba una súbita tormenta o nevada, acababan todos cerrando sus negocios en el interior. Ya no estaba Jesús para expulsar a los mercaderes del templo, y las autoridades civiles y eclesiásticas preferían pasar por alto esas inocentes profanaciones, que favorecían la devoción y promovían la actividad mercantil.

Refugio de pecadores

Ha sido una arraigada tradición de la Iglesia, no del todo abandonada al día de hoy, el disputar el poder terrenal a las autoridades civiles. En la Baja Edad Media los templos y monasterios cumplían un importante papel en esa controversia, aún más destacado en el caso de las catedrales. La iglesia principal de la diócesis era un espacio neutral, ajeno a las leyes seculares e impenetrable para las fuerzas del orden. Siguiendo la doctrina evangélica, allí se ofrecía un seguro refugio a los pecadores, ya que sólo Dios tenía po-

El arzobispo cachondo

Alrededor de 1220 Pierre de Corbeil, arzobispo de Sen, compuso el guión y los textos en latín del *Offici festi Stultorum* o «Misa de los tontos», versión escrita de este ritual satírico oficiado por un burro. Se dice que el prelado era iniciado en alquimia y por lo tanto un hombre culto, que debía saber lo suyo de antiguas mitologías, o al menos lo bastante para conocer la relación entre el asno y el dios bisexual egipcio Set, que se mencionaba con mordacidad en el ritual. Al margen de su erudición, De Corbeil no se privó de mejorar con su pluma las gruesas alusiones escatológicas u obscenas, ni de agregar algunas de su propia cosecha.

testad para juzgar sus pecados y el confesor de turno para absolverlos. Cuando se alejaba el peligro, los refugiados salían del templo con el alma redimida y eterno agradecimiento a la complicidad eclesial.

Es indudable que tan generoso proceder no era solamente una muestra de caridad cristiana, sino también y sobre todo una demostración de fuerza y un importante instrumento de negociación ante el poder secular. Pero ocurría que a veces esas negociaciones terminaban con la entrega del refugiado a sus perseguidores, en especial cuando se trataba de asesinos despiadados o violadores de niños. Sucedió entonces que los malhechores menos repulsivos también pusieron las barbas en remojo, al comprobar que la piadosa protección eclesiástica no contaba con absolutas garantías de impunidad.

Fue así como asaltantes, ladrones, estafadores de feria y otros delincuentes buscaron la catedral como escondite de sus perseguidores, sin pedir permiso ni obtener autorización del clero. Y ya puestos, frecuentaban también ese lugar tan protegido aunque nadie los persiguiera, antes de cometer un delito para discutir su plan, o después de cometido para repartirse el botín en paz. Allí solían encontrarse con mendigos, lisiados, viejos abandonados y otros seres desprotegidos, que se habían instalado en algún rincón de la catedral para pasar la noche, o incluso todo el invierno. Y no era raro que compartieran conversación y unas raciones de queso y vino, alrededor de una hoguera encendida sobre el pulido embaldosado del templo.

Un caso aparte eran las prostitutas, que aprovechaban las arcadas y los recovecos entre los contrafuertes para ejercer a cubierto su oficio; o los amantes furtivos, refugiados de paso que aprovechaban el escondite catedralicio para abrazarse en una escalera perdida o un corredor en penumbra. El pecaminoso encuentro podía haber sido acordado en un intercambio de disimulados gestos o esquelas durante la misa de la mañana en la misma catedral, y si resultaban pillados les podía caer un castigo realmente ejem-

plar. Si la mujer era casada se la acusaba de un triple pecado (fornicación, profanación y adulterio) y si era virgen su padre se empecinaba en hacer colgar al culpable.

Había también situaciones en que la gente aprovechaba la amplitud de la catedral para reuniones de carácter laico. Por ejemplo, para que el consistorio convocara a sus gobernados a tratar algún tema importante, para que los gremios realizaran sus asambleas generales, o los agricultores discutieran y fijaran los precios del grano según la suerte de la cosecha y el monto de la demanda. Asimismo el recinto catedralicio hacía a la vez de hospital y depósito de cadáveres en las frecuentes epidemias de peste, de alojamiento provisional para los damnificados por incendios e inundaciones, y si la iglesia se alzaba junto a un camino de peregrinos, como posada y dispensario de los caminantes.

Fiestas paganas en la catedral

Entre las jocosas exclamaciones de la multitud, el carro triunfal del dios pagano Baco sale por el pórtico de la catedral, tirado por dos caballos montados por un muchacho y una doncella pintarrajeados y totalmente desnudos, seguidos por un bailarín con pantalones de vellón y gorro de cascabeles, que toca la flauta encarnando a Pan, la deidad griega de la naturaleza y la potencia viril. Esta escena iniciaba la celebración de la «fiesta de los locos», una de las muchas festividades desenfadadas y procaces heredadas del paganismo, que curiosamente tenían como escenario las catedrales góticas.

La procesión continuaba su recorrido por la ciudad, encabezada por un papa bufonesco y sus acólitos de feria, seguidos y aclamados por una muchedumbre desenfrenada y ruidosa, hasta regresar al recinto de la catedral para culminar la profana festividad. Allí, a la luz de las vidrieras ojivales y la vista y paciencia de los clérigos, que dudaban entre retirarse a orar o participar en la bacanal, las solemnes naves góticas eran invadidas por aquel desfile carnavalesco y obsceno, en el que las doncellas hasta entonces pudorosas aparecían entre las columnas en el papel de ninfas semidesnudas saliendo del baño, y señoras no tan doncellas representaban a diosas mitológicas como Venus, Juno o Diana, cubiertas apenas por ligeros velos que se desprendían al primer manotazo de algún enardecido mocetón. El público masculino se introducía en el espectáculo persiguiendo y achuchando a las intérpretes, y los más atrevidos llegaban a mayores a la vista y aplauso de la concurrencia. El promiscuo festejo concluía con una misa satírica, que ponía en solfa cuanto dogma o sacramento cristiano se practicaba durante el año en el mismo recinto que se estaba profanando.

En otra festividad paródica que se celebraba el 5 de enero, víspera de la Epifanía, la procesión carnavalesca se presentaba en la catedral encabezada por tres «fantochescos» reyes magos. Un pregonero con la cara tiznada anunciaba que los sabios de Oriente eran enviados de la reina de Saba, o Caba, o sea que eran nada menos que grandes maestros cabalistas. Entonces comenzaba la bacanal, que tenía como atracción principal a la legendaria reina africana, cubierta sólo por una corona de cartón y collares de piedras falsas.

En su libro sobre el arte profano en la Iglesia, G. J. Witkowski describe así un detalle de la Catedral de Estrasburgo: «El bajorrelieve de uno de los capiteles de las grandes columnas reproduce una procesión satírica, en la que vemos un cerdito que porta un acetre (pequeño recipiente con agua bendita), seguido de asnos revestidos con hábitos sacerdotales, monos provistos de diversos atributos religiosos, y una zorra encerrada en un Sagrario. Es la procesión de la zorra, o de la fiesta del asno».

¿Porqué no prohibía la Iglesia estas celebraciones heréticas en sus catedrales, sino que, al contrario, parecía alentarlas? Hemos visto que el arzobispo de Sen hacía de libretista de una misa pagana o que el obispo de Estrasburgo permitió que se tallara en su catedral un friso burlesco e irrespetuoso hacia los dignatarios y símbolos de la Iglesia. Hay también otros artistas y cronistas medievales que testimonian la participación activa de los clérigos en esas fiestas báquicas, y la seducción de los escolanos y novicios adolescentes por las mozas que hacían de náyades o vestales. Sin embargo, las autoridades hacían la vista gorda o, llegado el caso, se sumaban al concupiscente festejo.

Tal permisividad no responde, como podría suponerse, a una dejación o relajación de la autoridad eclesiástica. Varios autores sostienen que, muy por el contrario, se trataba de una hábil estrategia, que era tanto una lección de modestia y humildad para el clero, como una catártica válvula de escape para los desenfadados y lujuriosos fieles que componían su grey.

Para entender por qué este doble juego era posible y, además, tenía éxito, se debe cambiar la idea tópica que califica a la Edad Media como una época oscura, reprimida y triste. Hoy son ya abrumadores los datos que contradicen esa visión, presentándonos a unas gentes alegres y bullangueras que gustaban de todo tipo de diversiones y festejos, adoraban las parodias y pantomimas, se gastaban bromas unos a otros, contaban chistes de grueso calibre y acostumbraban a trabajar cantando en las siegas y los talleres. La Iglesia ejercía su poder con manga ancha y los clérigos y frailes no eran precisamente dechados de moral y buenas costumbres. Cuando tocaba divertirse todos participaban con entusiasmo, y no hay diversión más gratificante que burlarse del poder establecido, se forme o no parte de él.

La Iglesia, que siempre ha sido sabia en estas cosas, sabía que esos ensayos generales de rebeliones y desacatos desfogaban los ánimos y entretenían al personal. Pese a su tremenda carga de irreverencia, estas manifestaciones eran mucho más inofensivas que las disidencias teológicas de los cátaros o el agnosticismo de los alquimistas.

Segunda parte

Luces y sombras de la Iglesia medieval

Tribulaciones del papa de Roma

Todo acto o pensamiento de las gentes de la Edad Media, desde el rey hasta el último mendigo, estaba profundamente condicionado por la fe cristiana y su representante en este mundo, la Iglesia Católica Apostólica Romana. Ésta era la única referencia espiritual en la vida europea, y también la única institución orgánica, estructurada y universal, dedicada a imponer una doctrina religiosa que gozaba de absoluta exclusividad. Sin embargo, esta posición privilegiada se resentía en la práctica por un latente conflicto entre la cúspide vaticana y sus supuestos delegados sobre el terreno.

En teoría la Iglesia Católica era un ente estrictamente jerárquico, con una sola cabeza: el papa o sumo pontífice, título tomado del *pontifex maximus* de la Roma antigua, y como éste de carácter vitalicio. Heredero de san Pedro y por lo tanto obispo de Roma, el papa residía y gobernaba en su palacio del Vaticano, rodeado de una corte de eclesiásticos y nobles pontificios. Ninguna escala intermedia relacionaba a esa rumbosa Santa Sede con los clérigos que ejercían la misión pastoral concreta. El mapa territorial de la Iglesia se dividía en grandes y pequeñas diócesis episcopales, independientes entre sí y prácticamente autónomas respecto a la autoridad del papa. Una autoridad que, además, aún se estaba reponiendo del Cisma de Oriente (1054), que separó de Roma a la rica y poderosa Iglesia ortodoxa bizantina; y afrontaba con desconcierto la aparición de las órdenes religiosas, con sus propias ideas sobre la doctrina cristiana y la forma de ponerla en práctica.

Al promediar el siglo XI, las diócesis europeas no sólo constituían una especie de sistema feudal eclesiástico, sino que los obispos y arzobispos se habían implicado abiertamente en los asuntos terrenales del feudalismo, disputando o negociando con la nobleza rural la tenencia de tierras y siervos o la imposición de tasas y otras prerrogativas políticas y económicas. Pero la sangre nunca llegaba al río, porque prelaturas y señoríos estaban condenados al entendimiento para fortalecerse frente a sus respectivos poderes centrales: la Santa Sede y el Imperio. Éstos, a su vez, mantenían una dura competencia por la autoridad civil y religiosa sobre el mundo cristiano, que venía de lejos y aún duraría un largo tiempo.

Una situación tan compleja y con tantos frentes distintos pero relacionados entre sí, exigía un pontífice capaz de ejercer un auténtico liderazgo espiritual, encabezar una reorganización y renovación en el seno de la Iglesia, y recuperar su prestigio y su autoridad. Esa figura excepcional se encarnó en la persona del nuevo papa Gregorio VII.

Un papa piadoso y combativo

El cardenal Hildebrando, archidiácono de Roma y «hombre detrás del trono» durante el Papado de Alejandro II, sucedió a éste por aclamación el 22 de abril de 1073 con el nombre de Gregorio VII. Considerado como un religioso de piadosa espiritualidad y un negociador generoso pero intempestivo, tenía clara conciencia de su misión en aquel momento de dificultades para la Santa Sede. Con el apoyo de los benedictinos de Cluny, inició

una campaña contra las dos mayores lacras que pesaban sobre sus gobernados: la *simonía*, consistente en la venta de cargos eclesiásticos a personas seculares, o su intercambio por tierras o prebendas; y el *nicolaísmo*, eufemismo eclesial para definir el matrimonio o concubinato de los religiosos. La primera era practicada con harta frecuencia por las jerarquías episcopales, y el segundo era pecado común entre el bajo clero y los párrocos rurales.

El nuevo pontífice abrió su mandato con mano dura: en 1075 destituyó a los prelados y canónigos comprometidos en actos de simonía, y a todo religioso que conviviera en pecado con una mujer. De paso, excomulgó a cinco cortesanos y consejeros del emperador germánico Enrique IV, como advertencia de que Roma ya no admitiría la investidura de prelados por el poder secular, por más imperial que fuera.

Agresión en plena misa

Un día de aquel mismo año 1075, Gregorio VII oficiaba una misa solemne en la iglesia romana de Santa María la Mayor, cuando entró en el recinto un grupo de hombres armados. Lo encabezaba un tal Cencio, noble corrupto al servicio del emperador, que increpó y agredió al Papa, causándole alguna herida leve ante el estupor de los fieles. Luego lo sacaron fuera del templo y se lo llevaron a la rastra. Una multitud indignada rodeó la fortaleza de Cencio, y liberó a su prisionero por la fuerza. Se dispusieron entonces a colgarlo, pero el pontífice los detuvo con un gesto, perdonando la vida a su agresor. Luego regresó a Santa María y retomó el Oficio Divino donde había sido interrumpido.

La querella había llegado al límite, a causa de la ambición de cada uno de los contendientes por pisar los terrenos del otro. Literalmente en el caso del Papa, que exigía el poder terrenal sobre los llamados «territorios de san Pedro», en el centro de Italia. Por su parte, el emperador negaba al pontífice el derecho a ejercer el poder político en esos pretendidos Estados Pontificios, al tiempo que no quería renunciar a investir a los prelados y clérigos, potestad que a menudo delegaba en sus vasallos más conspicuos. En realidad, la norma establecía que los obispos eran elegidos en primer lugar por el clero local, en segundo lugar por el «pueblo», y en ambos casos debían ser investidos por el «príncipe» en sus funciones administrativas. Tanto el emperador como los señores feudales se atribuían el papel del príncipe citado en la norma, compraban o amenazaban a los clérigos, y designaban prelados a quienes les convenía o les venía en gana. El pueblo llano aceptaba esta decisión apañada por el clero más cercano, ya que

el papa de Roma les resultaba tan distante e inalcanzable como el mismo Dios de los cielos.

La actitud del Papa en aquel episodio, a la vez benevolente y digna, le ganó la admiración de la grey católica en toda Europa. No fue igual la reacción de Enrique IV y sus consejeros. El emperador contaba con un ejército mucho más poderoso, pero sabía que un liderazgo espiritual tan unánime no se derribaba a cañonazos. Hizo llegar a la Santa Sede algunos mensajeros oficiosos, asegurando que Cencio había actuado por su cuenta y riesgo en la agresión de Santa María la Mayor, y que Enrique lamentaba profundamente ese ingrato suceso.

Gregorio era antes que nada un hombre caritativo, de modo que aceptó aquella versión y decidió enviar una delegación que propusiera una entrevista de alto nivel para discutir el asunto de las investiduras y otras desavenencias entre la Iglesia y el Imperio. Pero para Enrique IV, cuyo pensamiento no era pastoral sino político, un encuentro de esa índole podía entenderse como una muestra de debilidad por su parte, que confundiría tanto a sus enemigos como a sus aliados. Lo cierto es que se negó a recibir a los emisarios pontificios, que tras varias semanas de inútil espera tuvieron que regresar a Roma sin nada que contar. El Papa, como muchos caracteres aparentemente plácidos, podía montar en una tremenda cólera cuando se sentía agraviado. No vaciló por tanto en responder con munición pesada, decretando la fulminante excomunión del emperador. Y éste, para no ser menos, decretó la destitución de Gregorio VII como pontífice.

La excomunión del emperador debilitó su autoridad y puso en pie de guerra a sus tenaces enemigos sajones. Al mismo tiempo, los magnates o grandes señores feudales germanos comenzaron a intrigar para destronarlo. Gregorio VII, que además de su espíritu pacifista debía sentir cierta velada admiración por su adversario, envió delegados a los magnates para persuadirlos de moderar su posición. Los conjurados lo invitaron a reunirse con ellos en Augsburgo en febrero de 1077. Mientras el pontífice iba en camino, le llegaron voces de que Enrique IV avanzaba con un poderoso ejército para invadir Italia. Alarmado, el Papa retrocedió para buscar refugio en el castillo fortaleza de Canossa, sede de su poderosa y fiel aliada la condesa Matilda de Toscana. Pero el escondite del sumo pontífice era vox populi, y el emperador se dirigió a Canossa en su búsqueda.

Gregorio preparaba ya su alma para presentarse ante su Creador, cuando llegó Enrique ante el puente levadizo, cayó de rodillas sobre la nieve con la cabeza gacha, y suplicó a gritos su perdón. Luego permaneció fuera de la muralla y, siempre arrodillado, comenzó a rezar en penitencia. La condesa y su viejo amigo y casual huésped san Hugo, abad de Cluny, se unieron a las oraciones del suplicante, aunque desde la cálida capilla del castillo. El Papa dejó que el arrepentimiento del emperador se fortaleciera durante tres días bajo el gélido invierno, y al cuarto lo hizo llamar para acogerlo nuevamente en el seno de la Iglesia.

A los magnates no les cayó muy bien lo ocurrido en Canossa ni el plantón que les había dado el pontífice. Citaron a Enrique IV para tratar su situación en una nueva reunión en Forchheim, en la que se vetó expresamente la presencia de Gregorio VII. Éste no obstante envió una delegación, que pidió a los magnates y obispos que no tomaran una decisión sin consultarla con la Santa Sede. Los reunidos desatendieron el pedido, y designaron a Rudolf von Rheinfelden como nuevo emperador. Como era de esperar, Enrique IV no aceptó semejante afrenta, y ambos rivales se trenzaron en una guerra civil.

Gregorio envió dos prelados ante Enrique, para solicitarle que aceptara una mediación papal. Mas el emperador cuestionado metió en prisión a uno de los enviados, y el otro lo excomulgó antes de huir de sus esbirros. Para evitar que el Papa confirmara esa excomunión, Enrique envió un emisario al Vaticano, que expuso la contrición del emperador y su ruego de ser perdonado. Y el bueno de Gregorio lo absolvió una vez más. La guerra por el trono terminó inesperadamente por la súbita muerte de Rudolf en 1080.

Enrique IV sintió más firme la corona en su cabeza, y decidió arreglar cuentas con su venerable enemigo de Roma.

El emperador atravesó los Alpes con un gran ejército en 1081, derrotó a las tropas de la condesa de Toscana, y puso sitio a la ciudad de Roma. Al mismo tiempo hizo que los obispos alemanes proclamaran como nuevo pontífice a Guiberto, arzobispo de Ravena, que tomó el nombre de Clemente III. Pero Gregorio desconoció esa designación y aguantó el asedio germánico durante casi tres años. Finalmente el propio pueblo de Roma, cansado de su encierro, abrió las puertas de la ciudad a las tropas imperiales en marzo de 1084. El papa legítimo buscó refugio en el castillo de Sant'Angelo, y desde allí debió contemplar el paso de Enrique IV y Clemente III en dirección a la basílica de San Pedro, ante cuyo altar se coronaron mutuamente.

La situación dio entonces un vuelco inesperado. Al audaz aventurero normando Robert de Guiscard, que se había apoderado del sur de Italia (Nápoles, Calabria y Sicilia), no le cayó nada bien que los alemanes ocuparan Roma y coronaran su propio papa. Avanzó entonces hacia el norte con

Santas palabras

Robert de Guiscard se sintió responsable de la seguridad de Gregorio, y le ofreció refugio en su fortaleza de Salerno, en la Campania. El Papa desterrado falleció unos meses más tarde, el 25 de mayo de 1085, a los 65 años de edad. Dicen que sus últimas palabras fueron las siguientes: «He amado la justicia y odiado la iniquidad..., por eso muero en el exilio». San Gregorio VII fue canonizado en 1606.

sus aguerridas tropas, derrotó a los ocupantes imperiales en una sangrienta batalla urbana, y liberó a Gregorio VII de su encierro. Pero la brutalidad y los destrozos de los normandos habían indignado a los romanos, que culparon de ello al ex pontífice. Los cardenales no se atrevieron a reponerlo en la silla de san Pedro, y el populacho lo expulsó de la ciudad, sin que nadie moviera un dedo para defenderlo.

El pontífice de las cruzadas

Tras la toma de Roma por Robert de Guiscard, el emperador Enrique IV se retiró de Italia con lo que quedaba de su ejército. También el jefe normando regresó a sus asuntos, con lo que la calma volvió a la Ciudad Santa. No ocurrió lo mismo con el Vaticano, donde el antipapa Clemente III seguía en su puesto como si nada hubiera pasado. La mayoría de los cardenales estaba en su contra, pero la minoría restante era considerable y contaban con el apoyo de poderosos clanes romanos y de numerosos monarcas y prelados en el extranjero. Los debates e intrigas se extendieron durante más de un año, y finalmente en mayo de 1086 el purpurado legitimista eligió como papa al monje benedictino Desiderio, estrecho colaborador del difunto Gregorio VII. El nuevo pontífice tomó el nombre de Víctor III. El antipapa Clemente seguía recibiendo apoyos, buscando contactos con Bizancio y la Iglesia ortodoxa y, como era de rigor en todos los papas de la época, condenando la simonía y el nicolaismo. La Iglesia tuvo así dos papas durante el año siguiente, en cuyo mes de septiembre murió Víctor III durante una visita a su antiguo monasterio de Montecassino.

Los cardenales se apresuraron a elegir un papa legítimo: Endes de Chatillon, obispo de Ostia y ex prior de la abadía de Cluny, que tomó el nombre de Urbano II. Pero como Clemente seguía tan orondo en el Vaticano, el nuevo pontífice tuvo que instalarse modestamente en una isla del Tíber, custodiado por la guardia normanda. Al año siguiente Enrique IV volvió a lanzarse sobre Roma, y Urbano II debió huir hacia el sur, buscando la protección de Roger Guiscard, el hermano de Robert. Los normandos volvieron a marchar al rescate de Roma, derrotando una vez más al emperador germánico en 1093. Clemente III debió replegarse a su feudo de Ravena, donde seguiría reinando hasta su muerte. Instalado por fin en la Santa Sede, Urbano II se dedicó a obtener el reconocimiento de un buen número de reinos europeos. Convocó luego el concilio de Clermont, que prohibió a todos los miembros del clero prestar juramento de obediencia a cualquier gobernante laico y organizó la «Curia» romana, que por primera vez recibió ese nombre en un documento oficial.

En 1096, Alejo Conmeno, emperador de Bizancio, decidió saltarse la inquina hacia Roma de su credo oficial, la Iglesia ortodoxa, y pedir ayuda al pontífice católico. Hacía tiempo que las aguerridas tribus de turcos seléucidas venían en son de conquista por el Asia Menor, y ya en 1070 habían entrado en Jerusalén. Alejo tenía a las hordas musulmanas a sus puertas, y necesitaba el auxilio de los expertos guerreros europeos. Urbano II no dejó escapar esa ocasión de convertirse en el líder redentor del cristianismo, y convocó a una gran cruzada militar para rescatar Tierra Santa y de paso sacar del apuro al Imperio Romano de Oriente.

El Papa inspirador de las cruzadas murió el 29 de julio de 1099, sin saber que, quince días antes, Godofredo de Bouillon había reconquistado Jerusalén.

Dos Papados conflictivos

Los duros enfrentamientos entre la Santa Sede y los poderes terrenales continuaron durante los dos siglos siguientes, comenzando por el sucesor de Urbano II en el trono de san Pedro. El cardenal Rainiero, monje de Cluny, nacido en Ravena y presbítero de San Clemente, fue elegido pontífice por sus homólogos el 13 de agosto de 1099, con el nombre de Pascual II. Su reinado comenzó con dos puntos a favor: la toma de Jerusalén y la desaparición del antipapa Clemente, al que sólo la parca pudo arrancar el cetro ilegítimo. Los prelados que intentaron sucederlo fueron excomulgados uno tras otro por Pascual II, y ni siquiera Enrique IV les prestó su apoyo. Como otro signo favorable del nuevo pontificado, el emperador, cuestionado por su hijo, había decidido buscar la reconciliación con la Santa Sede. Pese a la buena voluntad que en principio mostraron ambas partes, ni uno ni otro aceptó ceder un ápice en el eterno conflicto de las investiduras. El Papa, dispuesto a hacer valer su fuerza, respaldó al futuro Enrique V, alzado abiertamente contra su padre.

En 1105, el heredero rebelde obligó a Enrique IV a abdicar a su favor. En el ínterin, Pascual II había llegado a acuerdos con los monarcas de Francia e Inglaterra, que renunciaban al derecho de investidura a cambio de que los obispos les juraran vasallaje respecto a las posesiones de sus diócesis. Pero Enrique V no se mostró dispuesto a renunciar a una tradición de su dinas-

tía. El joven emperador de 24 años demostró su agradecimiento al anterior apoyo del pontífice, avanzando sobre Roma en el año 1110. Pascual II no deseaba un nuevo enfrentamiento, y convocó al soberano a San Pedro para ofrecerle el llamado concordato de Sutri. La propuesta consistía en que el emperador, al ser coronado por el Papa, renunciaba a toda investidura de cargos eclesiásticos, a cambio de que la Iglesia de Alemania devolviera todas las tierras y bienes pertenecientes al Sacro Imperio. Cuando Pascual II acabó de leer el documento en el solemne ámbito de la basílica, Enrique V montó en cólera y lo rechazó aduciendo que era una fantasía imposible de cumplir. El desplante conmovió el gran templo vaticano: los cardenales, los obispos, los nobles pontificios estallaron en protestas con enorme escándalo convirtiendo la deslumbrante ceremonia en un agrio y conflictivo encuentro.

El emperador, indignado por el fracaso de su coronación, encerró a Pascual II y lo obligó a jurar que nunca pronunciaría contra él la pena de exco-

Pisando al emperador

Tras la derrota de Legnano, Federico Barbarroja fue obligado por los vencedores a firmar un tratado por el cual renunciaba a sus pretensiones expansionistas y reconocía a Alejandro III cómo el único y verdadero Sumo Pontífice. Éste, resentido por tantos años de agravios, no dudó en ensañarse con Barbarroja. Durante la ceremonia de sumisión lo obligó a humillarse en el suelo, y le puso un pie sobre la cabeza. Sin abandonar esa posición rezó lentamente el versículo de vitanda y luego la bula que establecía que el papa debía ser elegido exclusivamente por los cardenales, con una mayoría de dos tercios.

munión y a aceptar el principio de la investidura laica. Sólo entonces dejó al Papa en libertad, para que lo coronara en un nuevo acto celebrado el 13 de abril de 1111. Pero los papistas más radicales, llamados «gregorianos» por su adhesión a las ideas de Gregorio VII, presionaron al pontífice para que excomulgara al emperador, con la excusa de que su promesa de no hacerlo le había sido exigida por la fuerza. Aun así, Pascual II no excomulgó a Enrique V personalmente, sino que dejó que lo hicieran sendos sínodos en Francia y Alemania, para luego confirmar esa condena.

Enrique no se tragó esa artimaña, y marchó directamente sobre Roma con todo su ejército. El pontífice huyó hacia el sur y se refugió en Benevento, en la Campania. Cuando intentó regresar, aún se luchaba a brazo partido en las calles y plazas, por lo que buscó refugio en el castillo de Sant'Angelo. Allí murió, sin haber recuperado su puesto, el 21 de enero de 1118.

Otro pontífice romano enfrentado con el Imperio fue Alejandro III, que en la segunda mitad del siglo XII plantó cara a las ambiciones expansionistas del impetuoso Federico I Barbarroja. Éste necesitaba un papa dócil, que no se opusiera a su proyecto de extender el poder imperial sobre toda Europa. En 1159 ascendió al podio vaticano el cardenal Rolando Bandinelli, hombre combativo y temperamental defensor de las prerrogativas de la Iglesia, que tomó el nombre de Alejandro III. Pero los prelados y nobles romanos partidarios de Federico I eligieron a la vez otro papa, consagrado como Víctor IV.

El emperador, erigiéndose en presunto árbitro neutral del conflicto entre los dos pontífices, convocó a ambos ante su persona. Pero el papa Bandinelli no asistió al encuentro porque sabía que Barbarroja, tras fingir una supuesta equidad, acabaría decantándose por Víctor IV. Y eso fue exactamente lo que, con la excusa de su ausencia, hizo el emperador: confirmar a Víctor e instalarlo con gran pompa en el Vaticano. Alejandro III, gracias a su negativa a someterse al arbitraje imperial, pudo condenar la investidura de su rival y castigar a éste y a Federico con la excomunión. Pese a esta muestra de autoridad moral, en la práctica era un desterrado itinerante que vagaba por Europa en busca de apoyos para recuperar la Santa Sede.

El Papa sin trono recurrió a los normandos del sur peninsular, tradicionales defensores del Papado, estableció acuerdos con el dux de Venecia, e impulsó la Liga Lombarda, una alianza de las ciudades papistas del norte de Italia contra Federico Barbarroja. Las tropas de esta Liga vapulearon al ejército imperial en la batalla de Legnano, en 1176. Víctor IV había fallecido unos años antes y el nuevo antipapa Calixto III, a la vista de cómo estaban las cosas, no perdió tiempo en jurar obediencia a Alejandro.

A pesar de ese gesto de soberbia triunfal, Alejandro III no lo tuvo fácil en el resto de su mandato. En Roma intrigaba un importante grupo partidario de Barbarroja, y en Francia florecía la secta disidente de los albigenses. Unos y otros eran enemigos declarados del pontífice, que en varias ocasiones debió buscar refugio fuera del Vaticano. No obstante consiguió imponer su autoridad y su política, antes de morir en Civita Castellana, en 1181.

Todo el poder al pontífice

El paso del siglo XII al siglo XIII fue presidido por Inocencio III, que ocupó el trono de san Pedro entre 1198 y 1216. Giovanni Lotario, conde de Segni, era un aristócrata intelectual que había estudiado teología y derecho canónico en Roma, París y Bologna. Su antecesor, Clemente III (que no debe confundirse con el ya citado antipapa del mismo nombre), admiraba sus escritos teológicos y ascéticos y lo había elevado al purpurado con categoría de cardenal diácono. A poco de ser elegido como Inocencio III, decretó una serie de medidas que pusieron en evidencia su firme decisión de consolidar la autoridad de la Santa Sede por encima de cualquier poder o gobierno secular. En realidad lo que hizo fue poner en práctica la doctrina que enunciaba en su obra *De contemptu mundi*, sosteniendo que el sumo pontífice, por ser vicario de Cristo, ostentaba una supremacía absoluta a la que todos los gobernantes debían someterse, tanto en asuntos espirituales como terrenales.

En aplicación de este principio, Inocencio III anexó Spoleto, Ancona y Ravena a los Estados Pontificios, cuya propiedad y gobierno ya nadie osó discutirle. Ejerció asimismo su poder supremo consagrando zar de Bulgaria a Kaloián Asén, que fortaleció el segundo Imperio Búlgaro creado por sus hermanos mayores; excomulgando al monarca inglés Juan Sin Tierra por negarse a rendirle vasallaje; y recibiendo la sumisión y los tributos que le ofrecieron los reyes de Aragón, Castilla, Portugal, Dinamarca, Hungría, Polonia, y por supuesto Bulgaria.

No le resultó tan redondo su arbitraje en la sucesión del Sacro Imperio a la muerte de Enrique VI en 1197. Los candidatos enfrentados eran Otón de Brunswick, duque de Aquitania y sobrino de Ricardo Corazón de León; y Felipe de Suabia, hijo de Federico Barbarroja. El Papa se decidió por el primero, al que coronó emperador como Otón IV; poco después, la muerte de Felipe de Suabia reforzó su elección. Pero Otón le salió respondón e invadió sin su permiso nada menos que Sicilia, tradicional aliada del Papado. Inocencio III lo fulminó con la excomunión, lo que dividió Alemania en

una enconada guerra de sucesión. El oponente de Otón era Federico de Hohenstaufen, hijo de Enrique VI, entregado en su niñez a la tutela del papa Lotario. El joven pupilo de Inocencio III tenía veinte años de edad cuando, en 1214, sus partidarios vencieron a los de Otón en la batalla de Bouvines. Seis años después, su padrino lo coronó en Roma como soberano del Sacro Imperio Romano Germánico.

Inocencio controlaba a los sometidos monarcas europeos hasta en la intimidad de la cama conyugal. Cuando el rey de Francia Felipe II Augusto repudió a su segunda esposa Ingeborg de Dinamarca por algo ocurrido (o no ocurrido) en la alcoba nupcial, el Papa, que le había exigido sin éxito que no lo hiciera, le impuso como penitencia la prohibición de llevar adelante la ambiciosa invasión de Inglaterra que ya el monarca estaba a punto de emprender.

En su faceta de líder espiritual de la Cristiandad, el papa Lotario promovió la cuarta cruzada en 1202 y unos años más tarde lanzó una campaña de represión contra los cátaros albigenses que truncó el florecimiento de la cultura occitana y entregó el ducado de Toulouse a la corona francesa. En otro orden de cosas promovió la fundación de las órdenes mendicantes, como los franciscanos y los dominicos, dando así forma a su constante prédica de austeridad y un aviso a ciertos excesos del Císter. En las postrimerías de su reinado convocó el IV Concilio de Letrán, sin duda el más importante de los celebrados en toda la Edad Media, que consagró definitivamente la teocracia pontificia, debatió la preparación de la futura quinta cruzada e impuso para todos los cristianos la obligación de confesar y comulgar por lo menos una vez al año.

Inocencio III falleció unos meses después, con la convicción de que, en adelante, nada ni nadie se atrevería a cuestionar el poder universal y absoluto del sumo pontífice.

Los papas se van a Francia

La ilusión postrera de Inocencio III se mantuvo durante algo menos de un siglo, hasta que el cardenal Benedetto Caetani fue elegido pontífice en 1294 como Bonifacio VIII. En ese momento reinaba en Francia Felipe IV, llamado el Hermoso, que decidió limitar las inmunidades episcopales y la exención de tributos al clero. Una vez más, un monarca europeo desafiaba

Cuando Roma tuvo tres papas

Gregorio XI murió un año después de haber vuelto a Roma, y los cardenales romanos eligieron como sucesor a Urbano VI, antes Bartolomeo Prignano. La serie de reformas emprendidas por el nuevo pontífice alarmó a los prelados franceses, que proclamaron papa a Robert de Ginebra, con el nombre de Clemente VII. Aunque no era la primera vez que se nombraba un antipapa, la situación no dejaba de ser irregular. En 1409 se convocó el concilio de Pisa, que intentó componer el entuerto designando otro pontífice, Alejandro V. Pero tres papas en lugar de dos no era evidentemente la solución, y cinco años después un nuevo concilio reunido en Constanza destituyó al incómodo trío, ungiendo al prelado conservador Odo Colonna con el nombre de Martín V.

Algunos historiadores de la Iglesia han denominado a estos acontecimientos el «Cisma de Occidente», aunque la comparación con la ruptura definitiva que significó el Cisma de Oriente es a todas luces exagerada.

a la Iglesia, y ese reto fue uno de los motivos que hicieron que la celebración del año jubileo de 1300 fuera especialmente aparatosa y esplendorosa. Ese Año Santo, miles de peregrinos ensalzaron la grandeza del Papa, que una vez más reafirmó ante ellos su primacía sobre todas las monarquías de la Tierra. Por si no fuera bastante, Bonifacio VIII promulgó dos años después la bula *Unam sanctam,* que insistía en esa prerrogativa del vicario de Cristo.

El soberano francés siguió en sus trece y, previendo una casi segura excomunión, convocó un concilio de prelados adictos que desautorizaron al pontífice. Felipe IV, con la complicidad de la familia romana de los Colonna, organizó la llamada expedición de Anagni, que aprisionó al papa Caetani arrancándolo del Vaticano. Se produjo de inmediato una revuelta espontánea, en la que el pueblo de Roma liberó a Bonifacio VIII. Restituido en su sede vaticana, falleció poco después.

Felipe el Hermoso aprovechó para hacer designar papa a Bernard de Got, arzobispo de Burdeos, que tomó el nombre de Clemente V y trasladó la residencia pontificia a la ciudad francesa de Aviñón. Por primera vez en la historia, la Santa Sede se instaló fuera de Roma, medida que levantó muchas críticas pero ninguna oposición organizada. La complicidad entre el nuevo pontífice y el rey de Francia no se limitó al «secuestro» del Papado. Clemente V inició un proceso por brujería contra los templarios, que resultó en la disolución de la célebre Orden y el decomiso de sus cuantiosos bienes a favor de la Corona francesa y del Vaticano.

La Sede pontificia permaneció en Aviñón a lo largo de más de setenta años, durante los cuales acumuló una gran fortuna (por medios no siempre legítimos), al tiempo que el Papado perdía prestigio por su interesada sumisión a los intereses de la Corona de Francia. En ese lapso se sucedieron siete papas, todos franceses. El tercero de ellos, Benedicto XII, designado en 1334, hizo construir en Aviñón un suntuoso palacio pontificio que aún hoy perdura. El último fue Gregorio XI, en el mundo Pierre de Beaufort, que abandonó Aviñón en 1377 para regresar al Vaticano.

La rebelión de los cátaros

La Iglesia católica no supo contener la ola de espiritualidad y misticismo provocada por el fin del primer milenio. Los papas sólo atendían a sus disputas con los poderes terrenales, los obispos lucraban con simonías y ventas de indulgencias, y los clérigos deambulaban en la ignorancia. Los monjes benedictinos, que habían representado una llamada a la devoción y el ascetismo, pasaban por una etapa de dejadez y decadencia. Numerosos cristianos de a pie, tanto religiosos como laicos, se volvieron hacia los textos evangélicos y sus principios de humildad, pureza de conducta y devoción sincera. Cada cual lo practicaba y lo predicaba según su leal saber y entender, lanzándose a los caminos o participando en reuniones más o menos clandestinas para evitar la vigilancia eclesial. Algunos se apartaron del mundo y de la Iglesia, retirándose a bosques o descampados como los antiguos santones solitarios del cristianismo primitivo.

Una de las regiones más prósperas y avanzadas al comenzar el siglo XII era Occitania, en el sur de Francia. Su vasto territorio comprendía Aquitania, Lemosín, Auvernia, Delfinado, Provenza y Languedoc, está última cuna de la lengua de oc (del latín *hoc est*, «aquí es», y que en el antiguo provenzal significa «sí»), u occitano, que se hablaba en todas ellas. En aquel momento

Occitania era, con diferencia, la región más rica de Francia, gracias al oportuno crecimiento de ciudades como Toulouse, Narbona, Béziers, Foix o Carcasona, impulsado por el ascenso de la burguesía y la activación del comercio con Oriente y el norte de África. Sus grandes centros de poder eran el reino de Aquitania y el gran ducado de Toulouse, cuyos gobernantes, muy relacionados con Aragón, Cataluña, y las islas Baleares, eran más cosmopolitas y cultivados que otros reyes y señores feudales de esa época. Protegían a poetas y literatos, promovían los cantares y trovas cuyas letras se escribían en la lengua vernácula y propiciaban la revolucionaria idea romántica del amor cortés. No es extraño que se difundiera entre los occitanos un progresivo rechazo a la pesada y dogmática moralina de la Iglesia, que se expresó por un lado en un espíritu crítico de corte laicista, y por otro en el deseo de fundar una nueva doctrina religiosa, alejada del rígido dogmatismo vaticano.

Los solitarios de Dios

Los precursores de un misticismo personal al margen de la estructura de la Iglesia fueron los eremitas, anacoretas o ermitaños, que proliferaron en los siglos V y VI de nuestra era. Buscaban la santidad y la visión de Dios practicando una total austeridad, prolongados ayunos, lacerantes flagelaciones y una vida de oración y contemplación. El primero que registra la hagiografía fue san Pablo de Tebas, en el siglo III, y el arquetipo de todos ellos san Simón el Estilita, que se retiró al desierto para vivir en lo alto de una columna (en griego, *stylos*). Otros destacados santones solitarios fueron el sirio san Macedonio, el griego san Egidio y el italiano san Benito.

El surgimiento de la «otra» Iglesia

De pronto comenzaron a aparecer en los caminos de Occitania unos hombres barbudos con vestiduras blancas, que avanzaban de a pares abordando a los caminantes o predicando en las plazas de los pueblos. Despotricaban contra el papa y la Iglesia Católica, pero se decían cristianos y defendían las mejores virtudes evangélicas: el amor al semejante, la caridad, la pobreza, la humildad, la austeridad, y la rebeldía contra la opresión. Harto de las amenazas y exigencias de la Iglesia, y asqueado de la clerecía, a la que veía entregada a la codicia, el egoísmo y la concupiscencia, el pueblo llano comenzó a escuchar con interés a aquellos prosélitos.

Estos predicadores se denominaban a sí mismos cátaros, que en griego significa «puros» (más tarde, la Iglesia, para no pronunciar ese nombre, los llamaría «albigenses», por su importante presencia en la ciudad de Albi). Los cátaros se mostraban mucho más humanos, optimistas y tolerantes que los rígidos eclesiásticos católicos. Con el tiempo, el catarismo se extendió por toda Occitania, parte del reino de Aragón, la Francia central y del norte (donde les llamaban *publicains*), y Lombardía (conocidos como los *patarini*), llegando a penetrar también en Holanda, Alemania (los *ketzer,* voz que quedó como sinónimo de hereje) y otros reinos europeos. Ya no se trataba de una secta disidente, como hubo tantas, sino de una verdadera opción eclesiástica y de fe religiosa, una opción que ofrecía a los cristianos una interpretación doctrinal más aceptable y un trato menos autoritario.

La Iglesia cátara mantenía una mínima escala jerárquica: sus cargos eran accesibles tanto a hombres como a mujeres y todos sus miembros podían, llegado el caso, asumir funciones sacerdotales, por decisión propia o a pedido de su comunidad. En el nivel más alto se situaban los «buenos cristianos» o «perfectos», que solían distinguirse en obispos, diáconos y ancianos. Eran los únicos que podían ejercer la predicación solemne y oficiar el bautismo del espíritu, destinado a recibir a los aspirantes como miembros de la Iglesia

La Santa Inquisición

Algunos miembros del catarismo llevaban su fe hasta las últimas consecuencias. Ansiosos por reunirse con Dios, se sometían a la «endura», una especie de sacramento en el que se dejaban morir de hambre bajo la asistencia espiritual de un perfecto. Creían que este suicidio bendecido y no violento llevaba su alma directamente al seno de Dios en la gloria eterna. Esta práctica se incrementó durante la persecución, para evitar las degradantes torturas y ejecuciones por parte de los inquisidores.

cátara. Debían hacer votos de castidad y pobreza, dedicarse a la catequización y llevar una estricta dieta vegetariana. El otro escalón jerárquico era el de los «consolados», miembros autorizados para decir la plegaria, bendecir los alimentos y dar el *consolamentum* a los moribundos. Éste era en cierta forma una extremaunción, que aseguraba al alma de los creyentes su ascenso al verdadero Reino de Dios. Si el agonizante recuperaba la salud, pasaba automáticamente a ser un «consolado». Como se ha dicho ya, ese escalafón se difuminaba en casos de crisis, sobre todo cuando comenzaron las persecuciones. Cualquier feligrés o feligresa llevaba en sí toda la Iglesia, y podía ejercer las funciones necesarias para que ésta se mantuviera, ya fueran de orden espiritual o de carácter práctico y organizativo.

La estructura del catarismo era absolutamente laxa, formada por una serie de comunidades independientes y sin obediencia a ninguna autoridad central. El trato de estas agrupaciones entre sí se limitaba a una relación cordial y, a veces, al intercambio de visitas, sin vínculos de dependencia entre las mayores y las más reducidas o recientes. Para constituir una comunidad bastaba con la iniciativa de un colectivo de fieles, que elegían de entre ellos un perfecto u obispo y los diáconos necesarios para asistirlo.

Los cátaros consideraban que los templos y catedrales eran expresiones del execrable mundo material. Las reuniones del culto tenían lugar en las «casas cátaras», que eran recintos abiertos a creyentes y profanos, en una combinación de parroquia y albergue, donde se alojaba a los huéspedes y a los caminantes. En ellas se encontraban también los talleres (textiles, de alfarería, ferrerías, etc.), porque todo cátaro, de obispo para abajo, estaba obligado a trabajar para ganar su sustento y contribuir a los gastos comunes. Los obispos o perfectos llevaban la misma vida modesta y laboriosa de cualquier otro feligrés y no residían en palacios episcopales sino en casas tan humildes como las demás. Con lo cual sus obligaciones sacerdotales representaban una carga, no un privilegio.

El reino de otro mundo

Los cátaros rechazaban los sacramentos y la liturgia de la Iglesia católica, incluyendo el matrimonio y la santa misa, aunque mantenían una versión propia del bautismo y de la extremaunción. El principio básico de su fe era la existencia de un Dios del bien y otro del mal. Esta teogonía, denominada «dualismo», proviene de fuentes milenarias, con probable origen en antiguos cultos orientales, entre ellos el budismo y el mazdeísmo de Zaratustra. Su precedente más notable dentro del cristianismo lo constituyeron los maniqueos, una poderosa secta herética del siglo III.

Algunos autores sostienen que al producirse la hegemonía religiosa de la Iglesia Católica, el dualismo fue conservado secretamente por grupúsculos de iniciados, y se reanimó a comienzos del segundo milenio por el intercambio con Oriente a través de las cruzadas y las rutas de la seda.

Fuera cual fuese su fuente doctrinaria, el catarismo sostenía la existencia de dos creaciones divinas: un mundo del Bien, verdadero y perfecto, creado por Dios e inaccesible a los humanos; y un mundo del Mal, imperfecto, material y visible, pero que en realidad era una ilusión de pesadilla, una «nada» que se oponía a lo realmente existente. Este segundo mundo estaba lleno de confusión y violencia, de sufrimiento y corrupción, de dolor y de muerte. Por lo tanto no podía haber sido creado por el Dios bueno, sino por otra deidad contrapuesta y maligna, es decir, demoníaca. Los seres humanos, creados por Satanás en un mundo infame, sólo podrían salvarse alejándose de las tentaciones de la materia, manteniéndose puros y pobres, buscando la perfección y la muerte en santidad. Sostenían los cátaros que este despojamiento les permitiría entonces acceder al otro mundo, el auténtico reino del Bien. Y citaban la célebre advertencia de Jesús: «Mi reino no es de este mundo».

A primera vista, no parece haber mucha diferencia entre la doctrina «hereje» de los cátaros y la oficial de catolicismo. La existencia del diablo y el infierno era también una amenaza permanente de la Iglesia, para la cual el mundo secular estaba lleno de pecaminosas tentaciones. La oración y la piedad eran el camino para morir en santidad y ascender al Reino de los Cielos, que desde luego representaba lo opuesto a este «valle de lágrimas». Hasta aquí, ambas doctrinas son casi coincidentes, pero el catarismo atribuía el Génesis, es decir, la creación del hombre y del mundo material, al mismísimo demonio. Éste se convertía así en otro Dios creador, con todos los atributos de la divinidad. Maléfica y perversa, pero divinidad al fin, que compartía y completaba la del buen Dios.

Ese dualismo hubiera bastado para considerar a los cátaros como una secta sacrílega, pero, además, se les acusaba por creer en la reencarnación, no adorar las imágenes y sostener que Cristo y la Virgen María eran ángeles con sólo apariencia humana. Lo que quizá fuera más alarmante para la Santa Sede es que los cátaros pretendían ser una verdadera Iglesia alternativa, y en buena medida lo estaban consiguiendo. Era evidente que la austeridad y modestia les ganaban el respeto de la gente, y que su retorno a la prédica evangélica (en especial al sermón de la Montaña), obtenía cada vez más adeptos.

La Iglesia no pudo menos que reaccionar ante esa inquietante situación. Las reformas internas de Gregorio VII en el siglo XI fueron en parte una respuesta a las acusaciones del catarismo. En la centuria siguiente, Inocencio III decidió enfrentar el catarismo en su propio terreno doctrinal. La idea de volver a la santa pobreza del Evangelio no era patrimonio exclusivo de los cátaros, sino que se manifestaba también en renovadoras corrientes internas del catolicismo, inspiradas en los antiguos eremitas. El pontífice favoreció esta tendencia consagrando dos órdenes mendicantes: la Orden

Demonismo y promiscuidad

Puesto que no podía redimir de un día para otro el desprestigio de la clerecía, la Iglesia decidió endosar a los cátaros una imagen aún más infamante. Desde púlpitos, conventos y sacristías se hicieron correr tenebrosas historias de demonismo, misas negras, orgías sexuales y otros excesos del mismo calibre atribuidos al catarismo. Su dualismo permitía afirmar que adoraban al diablo, lo que no era cierto; el ritual de la «endura» dio pie a acusarlos de oficiar sacrificios humanos; el sacerdocio femenino convirtió a las diáconas en brujas; y el rechazo del sacramento del matrimonio hizo de las casas cátaras recinto de rituales promiscuos y lujuriosos. El pueblo católico aceptó, de buena o mala fe, estos infundios, y colaboró con entusiasmo en su elaboración y difusión. La leyenda negra de los cátaros permitió justificar la cruel cruzada de exterminio que acabaría con ellos y con toda la cultura occitana.

de los Hermanos Menores, de san Francisco de Asís; y la Orden de los Hermanos Predicadores, de santo Domingo de Guzmán. En corto: los franciscanos y los dominicos (estos últimos serían, como veremos, los ejecutores de la Inquisición). Pero esas cofradías bien intencionadas no consiguieron, por lo menos en un principio, contrarrestar la mala fama del clero entre amplios sectores del pueblo llano.

Una cruzada sangrienta

Tanto los cistercienses como los dominicos tomaron discretos contactos con los obispos cátaros, para convencerlos de que abjuraran de sus herejías y ofreciéndoles regresar a la obediencia papal con todos los honores, como una nueva orden mendicante. Era una buena jugada, ya que esa absorción podía dar a la Iglesia un inmenso poder. Pero los cátaros no sólo se sentían totalmente ajenos al catolicismo, tanto en las formas como en el fondo, sino que, además, lo consideraban, no sin razón, su mayor enemigo.

Fracasadas esas tentativas del clero regular, Inocencio III aún intentó lograr una solución negociada por medio de su delegado personal en Occitania, el noble aragonés Pere de Castelnou. Pero éste fue asesinado en 1208, según parece por orden del conde Raimundo VI de Toulouse, principal protector de la Iglesia cátara. La afrenta enfureció al pontífice, y el rey de Francia Felipe Augusto echó leña a ese fuego, en su afán por apoderarse de los ricos y civilizados territorios occitanos. Inocencio lanzó un anatema personal contra el conde aquitano, y declaró que sus tierras serían botín de una cruzada santa encabezada, casualmente, por el monarca francés.

En la primavera del año siguiente, la cruzada se puso en marcha, bajo la dirección espiritual de Arnaud Amairic, legado pontificio y ex prior de la abadía de Cîteaux (o Císter). Los cátaros eran pacifistas por convicción, y los nobles occitanos no disponían de grandes ejércitos. En el primer mes

YA SABRÁ DIOS

Cuenta algún cronista y recoge la tradición popular que en el asalto de Béziers, antes de iniciar la matanza, Montfort preguntó al legado papal cómo distinguiría a los católicos de los herejes. «Mátalos a todos, ya Dios sabrá reconocer a los suyos», fue la respuesta. El tremendo cruzado puso manos a la obra, y muchos pobladores huyeron a refugiarse en la catedral, donde fueron degollados sin miramientos frente al altar. Se estima que en esa sola masacre murieron en total cerca de 60.000 personas. Es de esperar que Dios no haya hecho distinciones entre ellas.

de hostilidades el jefe cruzado Simón de Montfort avanzó casi sin resistencia y atacó e incendió la ciudad de Béziers, aniquilando a gran parte de su población.

Montfort se proclamó conde de Béziers y unas semanas después se añadió a sus blasones el condado de Narbona y el vizcondado de Carcasona, ciudades también arrasadas y diezmadas por su brío redentor. Asumió el comando militar de la campaña y avanzó por Occitania sembrando el terror y dejando a su paso sólo cadáveres y cenizas. El único que tal vez podría pararle los pies, o al menos obligarlo a negociar, era Pere II el Católico, monarca de la Corona de Aragón, que había destacado luchando contra los almohades en la célebre batalla de las Navas de Tolosa.

Este rey era, ya lo dice su apodo, muy católico. Pero había obtenido el vasallaje de los condes de Foix, Toulouse y Bearn, y estaba casado con la condesa occitana Marie de Montpellier, por lo cual también ese condado

formaba parte de su reino. Era pues el monarca y defensor de casi toda Occitania y la invasión francesa, por más cruzada católica que fuera, era una agresión a sus territorios y una afrenta a la Corona de Aragón. Pere II intentó conseguir una tregua, primero ante Felipe Augusto y luego ante el propio pontífice, sin obtener resultado. No tuvo entonces otra opción que enfrentarse militarmente a Montfort, en defensa de su honor y de sus intereses. Se puso al frente de su ejército y se lanzó al contraataque, con la mala fortuna de resultar derrotado y muerto en la batalla de Muret en el año 1213.

Descartado el adversario aragonés, el cruel y afortunado Montfort avanzó entonces sobre el Languedoc, incendiando ciudades, villas y castillos, cuyos habitantes eran pasados a cuchillo o arrojados vivos a las llamas. Los que conseguían huir atravesaban los Pirineos para buscar refugio en Cataluña, o intentaban resistir en alguna fortificación bien protegida. Unos 500 cátaros se hicieron fuertes en la casi inaccesible fortaleza de Montsegur, apoyados por una reducida guarnición. El jefe cruzado Hugo d'Arcys, condestable de Carcasona, consiguió rendirlos después de un largo asedio. Conminados a renegar de su fe, 210 de ellos que se negaron a hacerlo fueron arrastrados fuera de la fortaleza y quemados vivos en un paraje cercano. Ese lugar se conoce aún como el *camp dels cremats* (campo de los quemados), y forma parte de la visita turística a Montsegur, así como de las peregrinaciones de «neocátaros», que también los hay.

El catarismo en Cataluña

El condado de Barcelona, que ostentaba la hegemonía sobre todos los señoríos catalanes, se había unido en 1137 al reino de Aragón, constituyendo la Corona de Aragón. Cataluña era con diferencia la región más activa y avanzada de esa unión, con una intensa actividad mercantil y un territorio que llegaba desde la costa mediterránea hasta más allá de los Pirineos. Su nobleza y su burguesía estaban estrechamente ligadas a Occitania por lazos familiares y comerciales, y en esa época decir Occitania era equivalente a decir catarismo. Una de las principales actividades de los cátaros era la industria textil, que vendían y distribuían a través de las redes mercantiles catalanas. Esa relación económica había creado amistades, compromisos y matrimonios entre ambas burguesías, mientras que la nobleza cátara, emparentada de antiguo con las grandes familias catalanas, intensificó esos vínculos a raíz de las persecuciones de la cruzada albigense.

La primera comunidad cátara en Cataluña de la que hay documentación histórica es una congregación existente en 1167 en el Valle de Arán. Es probable que no fuera la única, ya que se sabe que, a finales del siglo XII, el catarismo estaba sólidamente implantado en la región pirenaica, especialmente en Andorra, Berga y el Rosellón. En el siglo siguiente, la llegada de exiliados cátaros, incluyendo numerosos obispos y diáconos, marcó el momento de mayor auge del catarismo en Cataluña.

Los refugiados de religión cátara fueron ampliamente acogidos por los condes de Barcelona y sus súbditos, tanto por solidaridad como por inte-

Una cultura perdida

Occitania fue cuna de la cultura más avanzada y renovadora de la Europa medieval. Allí se escribieron por primera vez versos en una lengua popular romance, allí surgieron y cantaron los trovadores, allí se creó el ideal de caballería, el amor cortés, la relación sentimental que por algo se llama «romance», y la forma de ver el mundo y de crear relatos u obras de arte que por la misma razón denominamos «romanticismo». Esa compleja, delicada y alta expresión del espíritu y el pensamiento se truncó violentamente con el despiadado exterminio de los cátaros y la anexión de los reinos y señoríos occitanos a la monarquía papista francesa. Quizá si esto no hubiera ocurrido, la historia posterior de Europa hubiera sido más tolerante y pacífica.

rés, ya que traían consigo capitales e industrias y una doctrina contraria a la Iglesia, cuyo poder feudal desafiaba la autoridad condal. El surgimiento de la burguesía catalana también se veía trabado por la Iglesia, que condenaba el lucro, la banca y el prestamismo, imprescindibles para sus actividades. Los cátaros, por el contrario, no sólo permitían el comercio, sino que lo practicaban y promovían.

Después de la matanza de Montsegur, que marcó el triunfo definitivo de la cruzada albigense, la Corona catalano-aragonesa vio en peligro sus posesiones transpirenaicas. Jaume I el Conquistador negoció con el monarca francés Luis IX (san Luis Rey) la paz en esos territorios, a cambio de renunciar a sus aspiraciones sobre el resto de Occitania y de condenar el catarismo permitiendo la entrada de la Inquisición.

Monjes, peregrinos e inquisidores

En el paisaje de la Baja Edad Media, los monasterios y conventos eran una imagen habitual. Se levantaban generalmente en lo alto de un peñón, en lo profundo de un bosque, o en otros sitios aislados del mundo para favorecer el recogimiento y la oración. En otros casos, cuando la congregación se dedicaba a acoger a viajeros y peregrinos, la construcción se situaba en un cruce de caminos o en las proximidades de una villa o aldea. Los monjes seguían normas de vida muy estrictas y su jornada diaria cumplía un rígido esquema que alternaba oraciones y tareas. Dichas tareas se destinaban al mantenimiento de la propia comunidad o a la elaboración de productos artesanales (como el licor Chartreuse, preparado por los cartujos) que se ponían a la venta o se obsequiaban a protectores y donantes. El conjunto de religiosos monacales formaban el clero regular, por obedecer las reglas de una determinada orden, mientras los eclesiásticos no regulares, que vivían y actuaban dentro de la sociedad del siglo, constituían el clero secular.

En teoría, las órdenes religiosas y sus monasterios representaban la opción más pura y radical de quienes se sentían predestinados para servir pacíficamente a Dios, con la mayor pureza y devoción. Pero en la práctica eran

muchos los que, sin gran vocación religiosa, elegían el monacato como manera de escapar de la inseguridad, la violencia y la miseria que impregnaban el Medievo. Eso llevó a un paulatino relajamiento de los votos de castidad y obediencia que obligaban a los monjes; mientras los abades y priores se saltaban las reglas de pobreza y humildad, acumulando riquezas y convirtiéndose en verdaderos señores feudales. Se produjo entonces un efecto contrario porque la nobleza comenzó a colocar a sus miembros al frente de los monasterios importantes, para obtener más tierras y poderío. La enconada querella de las investiduras alcanzó así a las órdenes religiosas, que llegaron a sufrir un gran desprestigio ante la población.

Grandeza y pobreza de las órdenes religiosas

Al igual que los cátaros y otras sectas disidentes acusadas de herejía, las órdenes regulares surgieron inspiradas por el sufrido y solitario misticismo de los anacoretas. Éstos aparecieron por primera vez durante las persecuciones contra los cristianos, sobre todo en las provincias romanas del Asia Menor y el norte de África. Entre los siglos V y VII reaparecen en la Europa influenciada por las tradiciones druídicas, especialmente en Francia y en las islas Británicas.

Era frecuente que los eremitas menos radicales se reunieran cada tanto para orar juntos, o levantaran en común cabañas para protegerse de los rigores del invierno o de los desalmados que cada tanto torturaban o asesinaban a alguno de ellos por simple diversión. Poco a poco se fueron formando grupos de convivencia, que ocupaban una vivienda modesta y rezaban en una ermita aún más humilde. Esos sitios eran los cenobios, y sus miembros fueron llamados cenobitas, híbridos de transición entre los anacoretas y los

LOS CONVENTOS PALACIEGOS

Las mujeres, aunque no podían acceder al sacerdocio, formaban también congregaciones religiosas, dirigidas por una abadesa o madre superiora. El ingreso en un convento, que podía ser o no de clausura según lo estricto de sus reglas y su aislamiento, era un recurso utilizado básicamente por la nobleza para colocar a las damas que no habían encontrado esposo o quedaban viudas, así como a damiselas huérfanas y sin herencia, o que habían sido engañadas por un amante esfumado. Numerosos conventos eran prácticamente palacios de lujo, cuyas aristocráticas monjas vivían a lo grande, atendidas por sumisas hermanitas legas reclutadas entre el pueblo llano y las pecadoras arrepentidas. Algunas órdenes religiosas femeninas poseían extensas tierras y caudalosos bienes, y sus abadesas llegaban a jugar un importante rol en la política y la economía del condado o reino respectivo.

monjes regulares. Poco después aparece en Italia la primera orden monástica regulada y organizada como tal, fundada en el siglo VI por san Benito de Nursia, la cual, en su comienzo, no influyó demasiado en el resto de Europa.

A principios del siglo X, el emperador franco Carlomagno, entre las medidas adoptadas para regular la labor de la Iglesia en sus dominios, estableció condiciones estrictas para autorizar un número limitado de eremitas y cenobitas. Esta selecta elite pertenecía en su mayor parte a familias acomodadas o incluso nobles, y no era raro que en una misma región fueran conocidos, amigos, o incluso parientes entre sí. Resultó inevitable que, por más devoción y piedad que sintieran, estas personas relacionadas y sociables acabaran prefiriendo compartir un cenobio que permanecer aisladas y solitarias de por vida. Fue así como los anacoretas estrictos fueron desapareciendo, mientras las congregaciones de místicos crecían en número e importancia.

Los monasterios se multiplicaron rápidamente por toda Europa, al tiempo que sus actividades y dependencias se hacían más complejas. La gran mayoría de ellos adoptaron la regla de san Benito que, reformada por Columbano de Bobbio en el 615, era la más autorizada y a decir verdad la única disponible en la época. Al terminar el siglo X, al margen de pequeñas comunidades locales, la orden benedictina era totalmente hegemónica en el mundo cristiano de Occidente. Y lo siguió siendo hasta las disidencias y segregaciones que sufrió poco después, sumadas a la creación de la órdenes mendicantes y otras cofradías monacales.

Veamos el origen y avatares de las más importantes.

Benedictinos: precursores del monacato europeo

San Benito de Nursia había nacido a finales del siglo V en esa ciudad de la Umbría italiana, en el seno de una familia distinguida. En su adolescencia estudió derecho y filosofía, antes de retirarse a hacer vida eremítica en el desierto de Subiaco cuando sólo tenía veinte años. En poco tiempo se le sumaron varias decenas de seguidores, a los que, en el año 503, dividió en doce cenobios de doce monjes cada uno. Esta expansión le creó un conflic-

LA REGLA DE SAN BENITO

Benito de Nursia denominó modestamente «Mínima Regla de Iniciación» a la normativa monacal que habría de convertirlo en el patriarca fundador del clero regular en Occidente. La Regla se basa en las normas y usos de la tradición cenobita, organizadas y ordenadas para regir la vida de los monjes benedictinos. Su normativa abarca desde los votos iniciáticos y el horario de los rezos cotidianos, hasta el régimen de comidas o la estructura y dependencias de los monasterios.

Su principal divulgador fue un homónimo del autor, san Benito de Aniano, que la estableció en las abadías del Imperio Carolingio, con algunos retoques de su propia mano. Entre los siglos VIII y X, san Agustín de Canterbury la impuso en los monasterios que fundó en Inglaterra, y san Bonifacio hizo lo mismo en su evangelización de Alemania. Poco después, la regla de san Benito regía casi todos los monasterios existentes, y los nuevos que se iban fundando.

to con Florencio, párroco de una iglesia vecina, y para no tener problemas Benito y su comunidad se trasladaron a la región del Lacio, cuyos habitantes eran todavía paganos. Allí se dedicó a catequizarlos, al tiempo que erigía sobre las ruinas de un templo romano el monasterio de Montecassino, que llegaría a ser una de los más célebres abadías de Europa.

En el 529, san Benito fundó oficialmente la orden benedictina, basada en unas estrictas y detalladas normas escritas por él mismo, que se conocen como la regla de san Benito, y designándose a sí mismo como el primer abad (del arameo *abba*, que significa «padre»). Los benedictinos conocieron una gran expansión a partir del siglo VIII, y el propio Carlomagno impulsó su implantación y la de su Regla en todo el territorio del Imperio Carolingio. Pero, como ya se ha dicho, las abadías comenzaron a pasar a manos de laicos, y se produjo un relajamiento general de la disciplina y de la conducta de los monjes.

Orden de Cluny: de la austeridad a la ostentación

En el año 893, la villa de Cluny, en la Borgoña francesa, fue adjudicada por Carlomagno al duque Guillaume de Aquitania. Éste la donó a la Orden de San Benito en 910, para que se levantara allí una abadía en honor de san Pedro y san Pablo. Quince años después, el segundo abad de Cluny, san Odón, encaró una reforma sustancial con el fin de recuperar las virtudes evangélicas. Centró la vida monacal en el Oficio Divino *(Opus Dei),* aumentó el tiempo dedicado a la oración, fomentó el canto gregoriano en las ceremonias litúrgicas e hizo cumplir severamente las normas de clausura y de silencio. Consiguió para su nueva Orden la calidad de prelatura independiente, es decir, que en lo religioso obedecía directamente al papa, y en lo terrenal sólo al emperador. En su apogeo la Orden de Cluny llegó a poseer mas de mil casas regulares en toda Europa, dirigidas desde la poderosa abadía fundadora.

La obra de Cluny destacó por su acción a favor de la paz, el fomento de las peregrinaciones y la hospitalidad, la dedicación a la enseñanza en las *scholas cluniasensis* y la protección e impulso de las artes. A esta última inclinación debió tanto su esplendor como su decadencia. Comprometida en la culminación de la arquitectura religiosa románica, encaró sucesivamente tres reformas de la gran abadía, cada cual más ambiciosa en dimensiones y

en esplendor que la anterior. En la última versión, la iglesia presentaba cinco naves con doble crucero y un ábside con un amplio coro y una girola de capillas radiales, coronada por una imponente bóveda de cañón ojival. Las dos poderosas torres laterales y la suntuosa decoración expresaban una mundana admiración por la belleza y un pecaminoso deseo de ostentación. Por lo menos esa era la opinión de Roberto, abad cluniacense de Molesme, cuya pía indignación lo llevó a desvincularse de su descarriada casa central.

Entre los numerosos religiosos cluniacenses que fueron canonizados, se cuentan el abad san Odón y el ex monje san Gregorio VII, el gran pontífice de la Edad Media. También fue abad de Cluny san Pedro el Venerable, que casi se pierde la canonización por haber respaldado al monje intelectual y respondón Pedro Abelardo.

El Císter: la reforma gótica

En el invierno de 1098, Roberto abandonó el monasterio de Molesme acompañado de 21 monjes, en busca de un lugar solitario y tranquilo donde reiniciar su retiro espiritual. Renunciando a los excesos de Cluny, pretendían volver a la palabra evangélica y recuperar la pureza original de la regla de san Benito.

Encontraron el sitio adecuado en la árida región borgoñona de Cîteaux, (traducida al español como Císter) donde levantaron una capilla y un modes-

> El Císter proporcionó numerosos santos a la Iglesia, comenzando por los tres ya citados: san Roberto de Molesme, san Esteban Harding, y san Bernardo de Clairvaux (o de Claraval).

to cenobio. Los primeros tiempos no fueron fáciles, debido a lo inhóspito del lugar. Aparte de las privaciones inherentes a la vida monacal, su ignota ubicación no atraía nuevos monjes para aumentar su número o emprender nuevas fundaciones. La falta de agua obligó a Roberto a trasladarse a un emplazamiento cercano que pertenecía a la diócesis de Dijon, ciudad capital del ducado de Borgoña. Tanto el obispo como el duque Eudes de Borgoña prestaron ayuda a aquellos monjes tan virtuosos, contribuyendo a la erección del monasterio y entregándoles tierras y ganado para su subsistencia.

El papa Urbano II concedió a la nueva Orden el estatuto de Privilegio Romano, al tiempo que exigía a Roberto que reasumiera su antiguo puesto en Molesme, a pedido de los monjes que habían permanecido en esa abadía. Su sucesor fue el hasta entonces prior del Císter, un monje llamado Alberico, que gobernó con acierto la congregación consolidando su prestigio y sus bienes. A la muerte de Alberico, en 1050, (2&) fue elegido abad el monje inglés Esteban Harding, emigrado a Francia huyendo de la invasión normanda, que se había unido a Roberto en el grupo fundador de Cîteaux.

El abad Esteban resultó un gran promotor del Císter, que bajo su guía experimentó una notable expansión. Fue autor del *Exordio Parvo* y de la «Carta de Caridad», escritos que fijaron definitivamente las normas de vida de la Orden, su organización interna y, en definitiva, su Regla. Bajo la conducción de Esteban Harding (posteriormente canonizado) se fundaron las primeras cuatro nuevas abadías, conocidas como «las cuatro hijas del Císter».

En 1112 se presentó en Cîteaux un grupo de treinta laicos encabezados por un joven llamado Bernardo, que pidieron ingresar como monjes. Esteban aceptó ese ruego y tres años después envió a Bernardo a fundar una nueva abadía en Clairvaux (Claraval). Esta congregación fue una inesperada y brillante estrella en la aún escasa constelación del Císter. Su comunidad interna llegó a reunir 700 monjes, más otros miles en los 160 monasterios que dependían de ella. El polifacético Bernardo de Clairvaux obtuvo un particular poder dentro de la Iglesia, que le permitió tanto inspirar la fundación de la Orden del Temple como intervenir con autoridad en los conflictos del Vaticano.

Cîteaux y Clairvaux se convirtieron en los dos nuevos polos monacales del cristianismo medieval, en detrimento de la anticuada y alicaída abadía de Cluny. En aquel momento los «monjes blancos» del Císter superaron a los «monjes negros» benedictinos, pero ambos seguirían compitiendo y predicando a lo largo de los siglos siguientes.

El Carmelo: los cenobitas de Tierra Santa

En el año 1180, un monje francés llamado Berthold de Solignac reunió a diez eremitas en una ladera del monte Carmelo, que dominaba la fortificación de los cruzados de San Juan de Acre. Este promontorio de 500 metros de altura, al que los árabes llamaban *El-muraka* (lugar del sacrificio), tenía una larga tradición como lugar sagrado para hebreos y musulmanes. Allí, el profeta Elías había reemprendido su prédica, enfrentándose a los sacerdotes de Baal. Aquel primer cenobio fundado por Solignac tomó el nombre de Orden del Carmelo y obtuvo un estatuto en 1245. Este documento pontificio les prohibía el trabajo y la posesión de bienes, lo que de hecho convirtió a los carmelitas en una orden mendicante.

En 1291, los árabes que habían reconquistado Tierra Santa expulsaron a los monjes carmelitas de sus cenobios en Palestina. La Orden se trasladó entonces a Europa, donde su ascetismo y humildad prefiguraron las normas de las nuevas órdenes mendicantes y les ganaron el respeto de eclesiásticos y laicos. El Carmelo se extendió rápidamente, y ya en 1310 contaba con nueve provincias monacales en las que se levantaban numerosos monasterios. En 1431, el pontífice Martín V suavizó la dureza de la Regla de los carmelitas, lo que los dividió en «observantes», que siguieron con la Regla original, y los «mitigados» que se acogieron a las nuevas normas atenuadas. Más adelante, la Orden volvería a dividirse por otra separación semejante,

Los dos santos más célebres de la Orden del Carmelo fueron españoles: santa Teresa de Jesús y san Juan de la Cruz. Ambos vivieron en el siglo XVI, y ambos fueron profundos místicos y notables poetas. Juntos, lucharon duramente por imponer la reforma disidente de los «carmelitas descalzos».

y en 1451 el beato Jean Soreth crearía la congregación femenina de las carmelitas, que se extendió principalmente en España y los Países Bajos.

LOS CARTUJOS: CADA MONJE EN SU LUGAR

A finales del siglo XI, el eclesiástico Bruno era canciller del arzobispado de Reims y superior cancelario de su escuela diocesana, en la que tuvo como alumno al futuro papa Urbano II. Siendo un hombre tan instruido como piadoso, Bruno mantuvo un duro enfrentamiento con el arzobispo, al que acusó de simonía y abandono de su labor pastoral. Este conflicto le costó la destitución de su cargo y la proscripción de la diócesis de Reims.

Tras ello, Bruno se dirigió con un reducido grupo de seguidores en dirección a Grenoble, y se detuvo en un estrecho valle solitario rodeado de montañas llamado la *Grande Chartreuse* (gran cartuja). De allí tomó el nombre la Orden que fundó Bruno en 1086, a la que denominó «de la Cartuja». Bruno (después canonizado) conformó una congregación de monjes dedicados a la oración y a los trabajos manuales e intelectuales, pero no dejó una Regla escrita, y aceptó la de san Benito.

Los monasterios de esta severa congregación eran más austeros que las abadías del Císter y mostraban una distribución distinta, por lo que para di-

Dado su total aislamiento de la Iglesia oficial y del mundo secular, la Cartuja no dio lugar a grandes personajes, aparte de su fundador, san Bruno. Hizo no obstante un alto aporte a la licorería con el chartreuse (licor de hierbas), y una importante contribución a la literatura, al inspirar el título y el tema de una gran novela de Stendhal: *La cartuja de Parma*.

ferenciarlos se los llamó «cartujas». Consistían en recintos cerrados en cuyo interior había una ermita o una modesta capilla, acompañada de varias cabañas apenas suficientes para una persona.

Cada monje cartujo vivía en una de esas cabañas o celdas aisladas, y sólo se reunía con sus cofrades una vez al día para orar calladamente en la ermita. La Cartuja, de evidente inspiración anacorética, seguía normas estrictas de abstinencia y silencio. En los siglos siguientes la Orden se fue extendiendo por toda Europa, especialmente en España, Francia e Italia, llegando a existir hasta 206 cartujas, bajo la dirección del prior de la Gran Cartuja de Grenoble.

Los dominicos: inquisidores en blanco y negro

Domingo de Guzmán nació en Burgos, como hijo de un noble de la Corte. Siendo muy joven entró en religión bajo la protección del obispo de Osma, que en 1195 le ofreció una canonjía en su cabildo diocesano. Domingo contaba entonces 24 años, y acompañó al prelado en varias misiones fuera de España. En 1209 trabó amistad en el sur de Francia con el inclemente fanático Simón de Montfort, que preparaba su cruzada de exterminio contra los cátaros.

Estuviera o no en Béziers, está probado que Domingo acompañó a Montfort durante el resto de la cruzada y participó, digamos que como asesor espiritual, en el asedio y saqueo de Lavaur y La Penne de Ajen, así como en la matanza de Pamier y en la terrible batalla de Muret que costó la vida a Pere II de Aragón. Estos méritos bélicos le ganaron una gran admiración en aquella época de exasperado fanatismo católico. Al regresar a Toulouse en 1214, siempre junto a su colega Simón de Montfort, se rodeó de un grupo de entusiastas discípulos a los que predicaba la devoción y el sacrificio. Con ellos constituyó informalmente una primera comunidad monástica, que poco después (en 1215) daría pie a la Orden de Santo Domingo, también llamada de los predicadores y de los dominicos.

Santo Domingo impuso en sus monasterios una estricta austeridad y una serie de privaciones y prohibiciones de corte eremítico, que paradójicamente se semejaban mucho a las que seguían los «perfectos» del cataris-

¿Fue santo Domingo un exterminador?

Varias fuentes históricas sostienen que Domingo de Guzmán fue activo cómplice de su amigo Montfort en la masacre que aniquiló a decenas de miles de cátaros en Béziers durante la cruzada albigense. La Iglesia admite su presencia en aquella campaña, pero con intención de salvar almas y evitar asesinatos de mujeres, niños y ancianos. Hay alguna imagen que lo muestra alzando una cruz ante la soldadesca papista, y protegiendo con su cuerpo a un grupo de albigenses. Otros autores católicos dicen que santo Domingo ni siquiera estaba en ese momento en la ciudad arrasada, aunque pudo dirigirse a ella después para consolar a los sobrevivientes.

Los dominicos ofrecieron a la Iglesia, entre otras, tres figuras muy disímiles: el famoso predicador radical Girolamo Savonarola, que en la segunda mitad del siglo XV acabó excomulgado y condenado a muerte por su exasperada posición extremista; el siniestro inquisidor español fray Tomás de Torquemada, responsable de miles de condenas a muerte; y santo Tomás de Aquino, teólogo y filósofo llamado el «doctor Angélico», quizá el pensador más importante e influyente en toda la historia del cristianismo.

mo. El papa Honorio III se apresuró a consagrar solemnemente la Orden de los predicadores el 22 de diciembre de 1216, quizá porque los necesitaba para una importante y difícil tarea apostólica: dirigir y gestionar la Santa Inquisición (cuya actividad trataremos más adelante en este mismo apartado). A partir de entonces, las gentes de la Edad Media solían echarse a temblar cuando veían aproximarse a unos monjes de túnica blanca, cubiertos por un manto encapuchado de color negro.

FRANCISCANOS: POBRES FRAILES Y GRANDES MISIONEROS

El joven italiano Francisco (Francesco), era hijo de un rico comerciante de Asís, donde había obtenido cierta fama de alborotador y pendenciero. En 1205 se alistó para luchar con los papistas contra las tropas imperiales, y cuando se dirigía a reunirse con su regimiento en la Apulia, tuvo un sueño celestial que lo conminaba a entregarse al servicio de Dios. Regresó entonces a su ciudad natal, donde al año siguiente renunció públicamente a los bienes de su padre y se retiró a vivir como ermitaño. Al tiempo se le unieron otros jóvenes atraídos por su devoción y renunciamiento, a los que Francisco llamó «frailes», voz tomada del occitano *fraire*, que significa «hermano».

En 1210, el papa Inocencio III autorizó oralmente a Francisco y sus frailes para practicar la pobreza evangélica y predicar la palabra de Jesús. Tomando ambas cosas al pie de la letra, se constituyeron en una orden mendicante dispuesta a catequizar en el mundo pagano. Dos años más tarde una de sus discípulas, llamada Clara de Asís, que a los 18 años había huido de la casa paterna para seguir a Francisco, fundó con su aprobación la rama femenina franciscana, más conocida como las «damas pobres» o «clarisas». Mientras el fundador se ausentaba para intentar catequizar a los musulmanes, surgieron disidencias internas, básicamente en razón de las excesivas privaciones que imponía la Regla original.

A su regreso, deprimido por estos conflictos, Francisco dejó la conducción de la Orden a un fraile más aguerrido llamado Ugolino, que no consiguió evitar divisiones como la de los «fraticelos», practicantes radicales, o la escisión de-

San Francisco, canonizado en 1226 por su protector y amigo Gregorio IX, es considerado por la Iglesia el ejemplo arquetípico de santidad, pureza y humildad. Entre los muchos franciscanos ilustres se cuentan san Antonio de Padua, san Bernardino de Siena, los pontífices Sixto IV (el de la Capilla Sixtina) y Nicolás IV, así como el cronista de Indias fray Bartolomé de las Casas. También descollaron en América fray Junípero Serra, en California, y fray Enrique de Coimbra, en Brasil. Ya en el siglo XX, destaca el franciscano san Maximilian Kolbe, que entregó su vida a los nazis para salvar la de un padre de familia prisionero en un campo de exterminio.

finitiva entre frailes conventuales y los denominados «frailes menores de la regular observancia». Para entonces, Francisco se había retirado a una vida de oración y contemplación, en la que escribió sus obras poéticas, entre ellas su magnífico *Cantico di Fratre Sole (Cántico al Sol),* y recibió en su cuerpo los estigmas de la pasión de Cristo, según su propio testimonio, en 1224. Antes de morir, en 1226, llegó a saber del éxito de las primeras expediciones franciscanas que catequizaban en Oriente, llegando a fundar misiones en la lejana China.

Los franciscanos predicaban un mensaje evangélico de amor, despojamiento y fraternidad. Para confirmar sus votos de pobreza, vestían un hábito rústico con una simple cuerda a la cintura, y calzaban, incluso en invierno, unas toscas sandalias. Con esas humildes prendas catequizaron en todo el planeta, especialmente en el recién descubierto Nuevo Mundo, cuyas tierras sembraron de centenares de conventos y casas misioneras.

«Ora et labora»

Esta máxima latina, empleada por san Benito para definir su Regla, resume perfectamente la vida cotidiana en los monasterios del Medievo. Si se resta el escaso tiempo que los monjes destinaban al sueño, toda su jornada estaba dedicada a la oración y al trabajo.

El horario y actitud para orar cumplía las normas del Oficio Divino, también llamado Horas canónicas. Su intención era mantener la devoción y la alabanza de Dios a lo largo del día, y en principio no obligaba sólo a los monjes, sino a todos los buenos cristianos. Esto dio lugar a que muchos personajes de la alta nobleza poseyeran un *Libro de Horas* personal, que en ocasiones llegaron a ser verdaderas obras de arte, al igual que los salterios que reunían 150 salmos atribuidos al rey David. La costumbre de rezar a horas determinadas provenía del culto judío, y el mismo Cristo en la cruz oró la novena con el famoso inicio del Salmo 22: «Padre mío, ¿por qué me has abandonado...?».

En todos los monasterios se seguía, con mínimas variantes, el ciclo de oraciones establecidas por el Oficio Divino:

La primera de ellas la constituían las *maitines* o *matutinae laudes*, que se rezaban antes del amanecer.

Luego, al comenzar la actividad del día, se rezaban las *laudes*, que significa «alabanzas».

El lapso central de la jornada estaba pautado por las «horas menores»:

- Prima, una hora después de salir el sol.
- Tercia, dos horas después.
- Sexta, tres horas después.
- Nona (o novena), otras tres horas después.

Al finalizar las actividades de la jornada se rezaban las *vísperas* o *vespertinas* (del latín *vespera*, la tarde), un conjunto de rezos que habitualmente incluía un himno, dos salmos, un cántico y lectura breve de la Biblia, el *magnificat* de la Virgen, el padrenuestro y algunos responsorios e intercesiones, cerrando el oficio con una oración conclusiva.

Finalmente, antes de acostarse, los monjes rezaban las *completas* o serie de oraciones que completaban el oficio del día.

La comunidad monacal debía reunirse en la iglesia o capilla del monasterio para rezar juntos las «horas mayores» (*maitines, laudes* y *vísperas*), pero les bastaba interrumpir su trabajo y orar donde los pillara la campana o corneta que anunciaba las horas menores. A partir de comienzos del siglo XIII, en algunos monasterios se cerraba el Oficio con las *antífonas* de la Virgen María, versículos cantados que se intercalaban entre los salmos.

La regla de san Benito insistía en que los religiosos debían observar las horas de oración durante sus viajes, sin olvidar rezar cada semana los 150 salmos del salterio. Esto creó problemas a las órdenes mendicantes, que pasaban sus días en los caminos, y no podían cargar con los varios y pesados libros necesarios para cumplir con las exigencias del Oficio Divino. En la Baja Edad Media, por influencia de los misioneros franciscanos, se consagró el uso del *breviario*, que condensaba en un volumen manuable las oraciones obligatorias de todo el año. Autorizado en principio para los clérigos regulares que se encontraran fuera de su convento, este librillo fue adoptado luego por eclesiásticos y laicos como guía de sus oraciones diarias (y sigue utilizándose hoy con el mismo fin).

En lo que respecta a las labores monacales, éstas dependían de la especialización de cada orden o monasterio en particular, y del grado de formación y conocimientos de cada monje, así como de su edad o sus responsabilidades litúrgicas. En primer lugar, era necesario atender a las necesidades cotidianas de la congregación, empezando por las alimentarias. Los recintos monacales incluían, según aconsejaba san Benito, las dependencias necesarias para el sustento de la comunidad. Solía haber por tanto una gran cocina, con sus cocineros y ayudantes, mientras otros monjes debían cultivar la huerta; atender a la granja de cerdos, conejos y aves de corral; y cuando disponían de tierras suficientes, roturarlas y sembrarlas para recoger su propia cosecha de cereales, o plantar y cultivar viñas para elaborar su vino. Aunque cada monje atendía a la higiene personal y de su celda, alguien debía limpiar las estancias comunes, como el refectorio y la iglesia, así como ocuparse del lavado de las vestiduras litúrgicas y los objetos del culto. El mantenimiento y reparación del propio monasterio y su iglesia requería labores de albañilería, ferrería, carpintería y otros oficios, que en las grandes abadías daban lugar a verdaderos talleres.

Aparte de estas tareas necesarias para la congregación, la mayoría de las órdenes regulares se dedicaban, como ya se ha dicho, a elaborar productos artesanales destinados al mundo exterior. Algunos eran muy apreciados y solicitados, como los licores de benedictinos y cartujos, cuyas fórmulas se mantenían en secreto, o los chocolates que eran la especialidad de los trapenses. Existía una gran variedad de dulces, conservas y pastas de origen monacal, casi siempre elaboradas a partir de los productos hortofrutícolas locales, que producían particularmente los conventos de monjas.

Monasterios mixtos y erotismo monacal

A lo largo de la Alta Edad Media, eran comunes los monasterios mixtos o dúplices, formados por una comunidad masculina y otra femenina. Ambas estaba estrictamente separadas en edificios distintos, pero compartían la iglesia y otras dependencias comunes, así como los productos de la huerta o la granja. Las dos congregaciones eran dirigidas por un único superior, generalmente un religioso varón, aunque hubo también monasterios mixtos conducidos por abadesas.

La monja embarazada de Watton

La Orden inglesa de las Gilbertinas tenía, al promediar el siglo XII, su convento abacial en Watton, una pequeña población del Yorkshire. En él profesaba una joven huérfana que había sido recogida por la abadesa a los cuatro años de edad, y que a la sazón era una atractiva novicia ignorante del mundo y de la carne. De esta inocencia supo aprovecharse uno de los campesinos laicos que trabajaban en las tierras de la abadía, que la dejó embarazada. Las otras monjas, horrorizadas al comprobar el estado de la cándida hermanita, se las arreglaron para que el causante fuera atrapado y conducido al convento. Allí lo sujetaron entre varias y obligaron a la monja encinta a cortarle los genitales, forzándola acto seguido a tragárselos. El hecho fue documentado, junto con otros menos pavorosos pero de semejante tenor, durante la visita al convento de inspectores reales enviados por Enrique VIII en 1534.

El hecho de que cien o doscientos hombres y otras tantas mujeres se encerraran de por vida en un mismo recinto, produjo esperables reacciones en el imaginario popular. Es probable que esos monasterios dúplices fueran la primera semilla de la extendida creencia en un concupiscente erotismo clerical. Las historias, chistes, refranes y relatos sobre los insaciables apetitos sexuales de monjes y monjas (o, mejor dicho, monjes *con* monjas) abundaron en el Medievo y se extendieron en los siglos posteriores, abarcando también al clero secular, los altos prelados, y en ocasiones al propio pontífice de Roma. El pueblo del siglo XII era, sin duda alguna, profundamente cristiano, y quizá por eso mismo alimentaba un anticlericalismo subyacente que encontraba en esas burlas pornográficas su válvula de escape.

Desde luego, el ver en cada monje o cura un obsesivo rijoso, en cada novicia o monja una ninfómana, y en cada abadesa o madre superiora a una madama de burdel, era una exageración necesaria para que funcionara ese irreverente humor. Pero hubo sucesos que, por más aislados que los considerara la Iglesia, alimentaron esa visión de los eclesiásticos como impenitentes violadores de sus votos de castidad.

La Santa Inquisición: una mancha imborrable

«¡Que viene la Inquisición...!», anunciaban los chavales que habían divisado la embozada y solemne comitiva de clérigos avanzando hacia una villa o ciudad medieval. La gente se reunía expectante en la plaza mayor, sede habitual del tribunal, y no era raro que los más exaltados fueran a coger en sus casas a los sospechosos de herejía, para ahorrarle trabajo a los alguaciles.

Las siniestras barbaridades cometidas por la Santa Inquisición, o a su sombra, han quedado como un baldón inexcusable en la historia de la Iglesia en la Edad Media. Pero, para hacer justicia a esa injusta institución eclesial, y sin quitarle su grave responsabilidad en el asunto, debe decirse que no estuvo sola. La intolerancia ignorante del populacho y los intereses políticos de los gobernantes impulsaron y jalearon las condenas de los inquisidores y se ocuparon de las denuncias, torturas y ejecuciones.

La tradición de la Iglesia para combatir la herejía no era la violencia, ni mucho menos el exterminio, sino la persuasión y la conversión. Y el más alto castigo que imponía a los irreductibles era la excomunión. No obstante, ya en el siglo IV, san Agustín, en su enfrentamiento con el cisma donatista, había defendido la posibilidad de recurrir al poder civil para encarcelar a los herejes. Aunque el santo de Hipona no puso en práctica ese recurso, la idea sirvió como antecedente para instrumentarlo 800 años después, concretamente en el siglo XII.

La extensión masiva de cultos como el catarismo y el valdismo (secta disidente fundada en Francia por Pierre Valdo) enfrentó a la Iglesia con un problema nuevo, por lo menos en su dimensión cuantitativa. No fue casualidad que el reputado canonista Graciano promulgara, en 1159, su autorizado *Decretum*. Ese texto canónico llevaba la herejía más allá del campo religioso, calificándola como un peligro para el bien común, y justificando su eliminación como una «cruzada». Ambos principios implicaban al poder terrenal de los reyes y la nobleza, responsables de aquel «bien común» amenazado y únicos capaces de llevar adelante una campaña militar para defenderlo.

Durante un tiempo, la Iglesia desoyó el consejo de su mayor canonista, y siguió dejando el tema a cargo de los obispos, que debían actuar cada uno en su diócesis, y sólo ante denuncias de un número considerable de feligreses locales. Esta condición hizo irrelevante la actuación episcopal en zonas donde la mayoría de los habitantes pertenecían a un culto disidente, como

en Occitania y ciertas zonas de Lombardía. Incluso cuando podían actuar, los obispos debían limitarse a tratar que las ovejas descarriadas volvieran al redil, a veces en un debate público, aplicando penitencias confesionales a los arrepentidos y penas espirituales simbólicas a los recalcitrantes.

La cosa cambió, como hemos visto en el capítulo anterior, cuando el crecimiento del catarismo, especialmente en el mediodía francés, consiguió la protección (cuando no la conversión) de varios señores feudales. El poder monárquico, encarnado en la ocasión por Felipe Augusto, asumió la campaña de aniquilación de los cátaros con la bendición del papa Inocencio III. Poco después, Gregorio IX, temeroso de que su tenaz rival el emperador Federico II tomara la iniciativa de politizar la lucha contra la herejía, constituyó la Inquisición por el estatuto *Excommunicamus*, de 1231.

El pontífice consideró que sería mejor confiar tan delicado asunto a las recién creadas órdenes mendicantes, a las que se les suponía mayor espiritualidad e integridad. Encomendó, por tanto, a los dominicos, y en menor medida a los franciscanos, la organización y gobierno de la Santa Inquisición. Este nombre de por sí definía la actitud con que la Santa Sede creaba aquella institución. En principio era «santa», es decir perteneciente a Dios y rigurosamente conforme a la doctrina cristiana. Hacer una inquisición no suponía (al menos hasta la Santa Inquisición) ningún tipo de violencia o castigo. El término proviene del latín *inquirere*, derivado del interrogativo *quare*, que significa «¿por qué?» o «¿cómo?». O sea, que la labor de un inquisidor debía ser averiguar, preguntar, indagar a los presuntos herejes, con la piedad y caridad que prescribe el Evangelio. Por tanto, no estaban autorizados a imponer condenas terrenales, aunque en el terreno religioso pudieran excomulgar al mismísimo rey. Incluso varios autores sostienen que eran vistos por ciertas crónicas de la época como jueces ecuánimes y comprensivos.

Aunque se creó en principio para Aragón, refugio de los cátaros sobrevivientes; y algunas regiones de Alemania (para ganarle la mano al emperador), la Inquisición se propagó rápidamente por Europa, con algunas afortunadas excepciones.

Cada tribunal estaba presidido por dos inquisidores designados personalmente por el pontífice, y su acuerdo era necesario para dictar sentencia. Actuaban asistidos por consejeros, secretarios, notarios, y la imprescindible colaboración de alguna fuerza de orden para detener a los sospechosos y mantenerlos vigilados durante el proceso.

El brazo indagador de la Inquisición podía llegar hasta la aldea más escondida, pero los procesos solían realizarse en las ciudades y las villas de cierta importancia. El tribunal se constituía en la plaza mayor u otro espacio abierto, visible y accesible, para que las gentes pudieran acudir y presenciar el evento, tomando nota de su faceta de ejemplar advertencia.

El primer paso era anunciar un periodo de tiempo, habitualmente un mes, para que se presentaran voluntariamente los herejes y apóstatas del lugar (y según dónde y cuándo, también los judíos). Los que acudían en ese lapso eran perdonados con leves penitencias, siempre que se arrepintieran de sus desvíos. Cerrada esa fase de benevolencia, se traía a los restantes sospechosos de herejía, ya fuera por la fuerza pública o arrastrados por los propios vecinos. La finalidad de su presentación ante el tribunal era, si así puede decirse, «discutir el asunto», y procurar que se convencieran y convirtieran. En muchos casos, los reos aceptaban de buena o mala gana llegar a un acuerdo, pero también los había resistentes que se mantenían en su postura. ¿Qué hacía entonces con ellos la Inquisición?

Torquemada, el terrible inquisidor

A finales del siglo XV, los reyes Católicos, en su afán de construir un Estado unitario y acorde con su apelativo, necesitaban erradicar de España a las otras religiones monoteístas. La Reconquista ya tenía acorralados a los moros, que morían en combate, se replegaban a África o se convertían. El gran problema eran entonces los judíos, arraigados desde hacía siglos en toda la Península. La solución fue el dominico fray Tomás de Torquemada, confesor de la reina Isabel, que en 1483 fue nombrado inquisidor general de Castilla y Aragón. Poco después, el tremendo fraile reorganizó la Inquisición española y fue el mayor inspirador del decreto de expulsión de los judíos en 1492. Dictó entonces nuevas ordenanzas que le daban carta blanca, y actuó con feroz ensañamiento y crueldad contra aquellos que no aceptaban convertirse (o contra los «marranos», como se llamaba a los que seguían practicando su credo en secreto). La Santa Sede lo llamó varias veces al orden, pero los cónyuges reinantes siempre lo defendieron en su cargo y su forma de actuar. Se calcula que Torquemada condenó a unas 100.000 personas de ambos sexos a distintas penas, de las cuales alrededor de 4.000 fueron condenas de muerte. Murió en 1498 sin haber mostrado un signo de arrepentimiento, quizá porque él mismo era hijo de un judío converso.

El tribunal no declaraba automáticamente culpable a quien se reafirmaba en su herejía. El religioso que actuaba como fiscal daba a conocer públicamente los cargos y un requerimiento de detención, que el presunto culpable no podía eludir solicitando el derecho de asilo en una iglesia o un convento. Una vez atrapado debía responder de los cargos ante los jueces, que eran asesorados por un consejo de eclasiásticos y personalidades civiles para dictar la sentencia. La prueba más común era la declaración de dos testigos que conocieran al acusado, que en caso de probarse un falso testimonio podían sufrir penas de cárcel y debían llevar sobre la ropa dos trozos de tela roja bien visibles, para escarnio ante los demás.

La sentencia se hacía pública en el último acto del proceso, una ceremonia solemne denominada *sermo generalis* y más conocida con el nombre de Auto de Fe. Las condenas aplicadas por el tribunal podían consistir en una multa, un suplicio público, cargar una cruz, o cumplir una pena de cárcel. En los casos más resonantes podía llegar a confiscar propiedades, y en los muy severos condenar a prisión de por vida. Esta era la pena más grave que podía imponer la Inquisición, porque en teoría no le estaba permitido dictar condenas de muerte. Pero toda ley tiene su trampa, y cuando un tribunal juzgaba que el reo debía ser ejecutado le bastaba con entregarlo al poder civil, que ya sabía lo que tenía que hacer con él.

Lo anterior nos lleva al espinoso terreno de las torturas y las muertes en la hoguera. La leyenda negra de la Inquisición abunda en ejemplos de estas barbaridades, que a su vez se mezclan con los excesos de la caza de brujas en los siglos siguientes. Los autores orgánicos de la Iglesia siguen cargando el muerto (valga la expresión) a los poderes civiles, cuando no a la brutalidad de las turbas enardecidas. Sin embargo, el papa Inocencio IV autorizó el uso de la tortura para interrogar a los sospechosos, aunque es difícil establecer si la ejercían los propios monjes o la derivaban a torturadores laicos. Lo de la hoguera es menos defendible, porque la historia registra numerosos casos concretos de personajes condenados por la Inquisición a morir abrasados, como los de Juana de Arco, Giordano Bruno, Savonarola o el último maestre del Temple, Jacques de Molay, por citar algunos de los más notorios.

Sostienen los expertos de la Iglesia que tales muertes corrían por cuenta del poder secular, que ellos mismos denominan «el brazo ejecutor». Es posiblemente cierto que los inquisidores no amarraran personalmente a los condenados a un poste, les arrimaran la leña y luego encendieran el fuego. Es también verdad que varios monarcas europeos, notoriamente en Francia y Alemania, proclamaron una propia Inquisición para amedrentar o eliminar a sus rivales políticos; así como que muchas veces el populacho quemaba herejes y judíos por su cuenta; o que también los mártires cristianos habían sufrido ese suplicio; y que la muerte en la hoguera era una condena común en la época, utilizada por protestantes como Calvino, que hizo quemar al teólogo y médico catalán Miquel Servet. Pero como bien sostiene la doctrina cristiana, la comisión de un pecado por los demás no exime de la propia culpa.

Gloria y odisea de los peregrinos

El «Renacimiento del siglo XII» propició el trazado y mejora de los caminos y senderos, respondiendo a dos razones. La primera fue el crecimiento del intercambio comercial por el auge de las ciudades y la apertura de las rutas del cercano y lejano Oriente, y la segunda, el impulso, las bendiciones, las absoluciones y las indulgencias que otorgó la Iglesia a los peregrinos. Estos incansables viajeros marchaban en grupos, en hileras, e incluso solos. Eran generalmente hombres, aunque había también mujeres y familias enteras, y podían ser tanto clérigos como laicos, pobres como ricos, jóvenes como viejos. Había incluso peregrinos «profesionales» que ofrecían su experiencia a los grupos de novatos, a cambio de comida y alguna paga piadosa. Aunque sus recorridos podían ser divagantes y llevarles meses o años, todos tenían como destino tres metas sacralizadas: Roma, Jerusalén o Santiago de Compostela. Comencemos por las razones de esta última.

Allá por el siglo IX, y más exactamente una noche de finales de julio del año 814, un monje gallego llamado Pelagio andaba perdido por un paraje solitario, cuando de pronto vio una gran luz resplandeciendo en el cielo. Al día siguiente corrió a contarle el suceso a su superior, el obispo Teodomi-

ro de Iria Flavia, quien decretó que se trataba de un mensaje celestial, y coligió que su autor debía ser el apóstol Santiago. El prelado mandó reconocer el lugar del acontecimiento y a poco de buscar fue encontrada una cueva semiescondida. En su interior había una caja mortuoria de mármol, que contenía huesos humanos. «¿A quién podían pertenecer?», debieron preguntarse los presentes. «¡Al apóstol Santiago!», decidió triunfal Teodomiro. Guardó a buen recaudo la reliquia, y mandó informar a Roma y al rey del prodigioso milagro.

La elección del santo propietario de aquellos huesos no había sido por azar. Santiago el Mayor, uno de los doce apóstoles, era considerado por la tradición como el primer evangelizador de la península Ibérica. Extraña creencia, ya que el santo murió martirizado en Jerusalén, sin haber pisado nunca Europa. Pero las tradiciones tienen la ventaja de no necesitar confirmación, y para sortear la historia pueden recurrir a la leyenda. En el caso de Santiago, la de que dos discípulos recogieron sus restos mortales para que no fueran profanados, los metieron en una barca que los llevó casualmente a las costas gallegas, donde enterraron al santo en un lugar oculto.

¡Santiago y cierra España!

El culto a Santiago se expandió entre los capitanes y la soldadesca de la Reconquista, que se lanzaban al ataque al grito de «¡Santiago y cierra España!», confiando, a veces imprudentemente, en que la protección del apóstol los hacía invencibles. En 1170, Pedro Fernández, nieto del rey de Navarra, fundó la Orden militar de Santiago con la anuencia de Fernando II de León. Su objetivo era proteger el sepulcro del santo y los peregrinos que lo visitaban, arrojar a los musulmanes de España, someterlos en su refugio del Magreb africano y, finalmente, reconquistar Tierra Santa. Aunque no llegó a tanto, la Orden cumplió un papel destacado en la Reconquista y el buen apóstol recibió el apelativo de Santiago Matamoros, de carácter obviamente simbólico.

Como dicen los buenos cristianos, «lo que importa es la fe», algo que abundaba en la Europa medieval. Enterado del asunto, Alfonso II, rey de Asturias, fue sin saberlo el primero de una interminable caravana de peregrinos que irían a reverenciar la reliquia.

De inmediato, el monarca mandó edificar un monasterio, encomendado a los infaltables benedictinos, y una pequeña iglesia bautizada como Antealtares. La aldea existente comenzó a crecer, al mismo tiempo que el número de peregrinos que llegaban de otros sitios de Galicia y el resto de la Península. En 866, Alfonso III el Magno hizo construir una nueva iglesia más amplia y lujosa, sin duda para agradecer a Santiago la santa ayuda en sus victorias sobre los árabes.

Mientras tanto se multiplicaban los peregrinos que buscaban visitar la santa reliquia, que empezaban a llegar también desde otros reinos europeos, principalmente de Francia. Y como todos los peregrinos del norte provenían o debían pasar por ese país, el itinerario recibió el nombre de «camino francés». La Orden de Cluny fue sembrando ese recorrido de monasterios y hospitales monacales para el hospedaje de los caminantes, que se dirigían a lo que ya era una floreciente ciudad: Santiago de Compostela, del latín *Campus Stellae* (campo de la estrella), en homenaje a la luz celestial que había visto fray Pelagio. Un ilustre prelado compostelano, Diego Ramírez, consiguió que el papa Urbano II trasladara la sede episcopal de Iria Flavia a Santiago, declarándola sede apostólica con la misma categoría que la propia Roma. Fue también Ramírez quien, en 1075, hizo construir la hermosa catedral románica que, con algunos retoques, aún se alza en la central plaza del Obradoiro. El notable aumento de los peregrinos multiplicó los puntos de partida hacia el camino de Santiago, estableciendo no obstante un único itinerario una vez cruzados los Pirineos, que recibió también el nombre de ruta Jacobea.

Un nombre santo

El apóstol Santiago lleva un nombre complicado, que en sí mismo es la unión de «san», apócope de santo, con el nombre gallego Tiago o Iago (por lo que sería redundante llamarlo san Santiago), equivalente al hebreo Jacob, y en otras lenguas a Jacques, Yago, Jacob, Jacobo, Giácomo, y las variantes de su derivado Jaime. En tanto es evidente que el pescador evangélico debió llamarse Jacob, como el patriarca bíblico, es más correcta la denominación Camino Jacobeo (o Xacobeo, en gallego) que, por ejemplo, santiagués o santiaguense, que se referirían más bien a la ciudad y sus habitantes.

Los fieles que tenían intención de peregrinar a Santiago vestían un sayal y recibían de su obispo o abad un bordón o cayado, una calabaza, un rosario y una escarcela (especie de mochila que se colgaba de la cintura), además de la bendición y algunos consejos para el viaje, tanto espirituales como prácticos. Para cumplir el recorrido ortodoxo, que debía hacerse taxativamente a pie, los peregrinos atravesaban los Pirineos por el paso de Roncesvalles o el de Canfranc, para reunirse en Puente de la Reina, donde se iniciaba la ruta Jacobea propiamente dicha. Ésta se dirigía hacia Logroño, y, desde allí hasta Santiago, los principales hitos eran Nájera, Burgos, Sahagún, Astorga y Ponferrada. Al arribar a Santiago de Compostela visitaban la catedral y su reliquia, depositaban sus ex votos y encendían velas al santo. Antes de regresar a casa se les entregaba una «compostela», o certificado de haber cumplido la peregrinación.

Aparte de su significación espiritual y religiosa, la ruta Jacobea abrió camino, valga la redundancia, a las novedades y avances en diversos campos que caracterizaron a la Baja Edad Media. Su existencia fue fundamental para la consolidación y apertura de los reinos españoles y otras monarquías europeas, a través del activo intercambio económico, cultural, institucional y artístico que generó entre las regiones que atravesaba. Su vigencia se ha mantenido hasta hoy, aunque en una tesitura simbólica y con la modernización que supone el paso del tiempo.

El peregrinaje a Roma, cuyo principal objetivo era ver al papa y recibir su bendición, solía tener también un fin relacionado con la autoridad del pontífice sobre numerosos asuntos espirituales y terrenales. Si bien la mayoría de los «romeros» o peregrinos que iban a la Ciudad Santa pertenecían, como los jacobeos, al pueblo llano o al bajo clero, los caminos que llevaban a Roma se distinguían por la frecuente presencia de altivos nobles, altos prelados, ricos mercaderes, aguerridos guerreros o importantes abades, e incluso los grandes monarcas y príncipes europeos. Cada uno de ellos traía ante el Santo Padre, aparte de su presunta devoción, un pedido, una súplica o un pleito que juzgar.

Se ha dicho ya que el poder del pontífice estaba por encima de todos los gobernantes de la Tierra, y que sus decisiones y arbitrajes eran inapelables. Era él quien coronaba a los reyes, acto fundamental cuando había varios aspirantes al mismo trono; consagraba o confirmaba obispados y canonjías; alentaba y bendecía las caravanas mercantiles, contribuyendo a veces a su financiación; aprobaba y también solía contribuir a la construcción de catedrales y abadías; designaba generales y condotieros para sus propias guerras y en ocasiones las ajenas; resolvía en asuntos de filiaciones y linajes; y en general tenía la última palabra en todos los temas realmente importantes. No debe sorprender que los poderosos se hicieran peregrinos para suplicar su apoyo o por lo menos, para decirlo vulgarmente, «hacerle la pelota».

La arriesgada ruta de Tierra Santa

La meca de las peregrinaciones medievales, y también la más larga en recorrido y la más arriesgada, era la que se dirigía al Santo Sepulcro. Llegar a Tierra Santa podía ser una auténtica odisea, ya que los peregrinos debían recorrer caminos infestados de bandoleros árabes, cuando no tropezaban con tropas musulmanas que venían arrasando con todo. La proclamada protección de las órdenes religiosas militares era casi siempre débil y escasa, aun en los inestables «reinos latinos» establecidos por los cruzados. Si los promesantes lograban evitar ser degollados, encarcelados o vendidos como esclavos en su viaje de ida, tampoco tenían garantía alguna de poder regresar a Europa sanos y salvos.

La fallida odisea de las cruzadas

Las expediciones místico-guerreras conocidas como cruzadas, no ocurrieron obviamente dentro de la Europa medieval, pero constituyeron una gesta legendaria para los que participaron en ellas y un tema de devota admiración para los que se quedaron en casa. Sus escasos triunfos y continuadas derrotas en el terreno militar dotaron a los cruzados de una aureola de martirologio más santa y heroica que si hubieran triunfado. Por otra parte, al combatir fieramente por un afán religioso y espiritual, ofrecieron coartada y legitimidad a todas las guerras y exterminios que emprendería el Papado en nombre de la fe cristiana. Aunque, todo debe decirse, ni las causas de las cruzadas ni sus consecuencias fueran nada católicas.

Una ayuda envenenada

Los barbados patriarcas ortodoxos del Imperio Bizantino eran herederos del gran Cisma de Oriente, y guardaban un manifiesto odio y resentimiento hacia la Iglesia católica, y en especial hacia el papa. En la última década del siglo XI, el emperador Alejo Conmeno estaba sacrificando sus últimas tropas para intentar detener la doble invasión de los turcos y los normandos, que ya había ocupado gran parte de su territorio. El esforzado soberano era devoto feligrés de la fe ortodoxa, pero necesitaba refuerzos y el patriarca de Constantinopla no tenía ejército. Sí lo tenía, en cambio, el pontífice romano Urbano II. En 1098, contrariando la indignación de los popes bizantinos, Alejo se las arregló con su proverbial talento diplomático para que Urbano le prometiera ayuda.

En realidad el pontífice romano no se comprometió sólo por solidaridad cristiana, sino para apaciguar parte de los conflictos religiosos, políticos y económicos que se han venido describiendo más arriba, en particular problemas internos y externos de la Santa Sede. El 27 de noviembre de 1045, en la clausura del Concilio de Clermont-Ferrand, Urbano II pronunció un encendido discurso describiendo los padecimientos de los cristianos en Jerusalén y las vejaciones que sufrían los Santos Lugares a manos de los herejes. Más tarde, proclamó que él, como cabeza de la Iglesia, convocaba en ese mismo instante a los reinos europeos para emprender una gran cruzada con la que rescatar a esos mártires y recuperar definitivamente Tierra Santa. Los presentes estallaron en aclamaciones al grito de *¡Deus vult!* (¡Dios lo quiere!), y el obispo anfitrión Ademar de Puy se ofreció conmovido al Papa como primer cruzado. Urbano II, que tenía un punto histriónico, arrancó dos retales de tela roja de los ornamentos y se los puso al prelado sobre el pecho, formando una cruz.

Alejo Conmeno se quedó de una pieza cuando Urbano II hizo realidad su promesa. En lugar de las tropas de refuerzo para sus diezmadas huestes, vio llegar un poderoso ejército europeo, totalmente independiente de su autoridad, que atravesó Bizancio en desdeñoso desfile con la intención de apoderarse de todo el Oriente Medio. O sea, de la mayor parte de sus antiguos dominios. Es cierto que esa estrategia suponía empujar a los turcos fuera de su Imperio, pero también cabía preguntarse qué quedaría de éste cuando acabara aquella prepotente barrabasada militar.

Los sacrificados combatienes del Papa

Si bien podría decirse que las cruzadas fueron esencialmente un negocio económico y político para el Vaticano y los grandes reinos europeos, no sería justo decir algo similar de los cruzados de a pie, y también los de a caballo, aunque éstos eran los menos. Enrolados por voluntad propia o en levas feudales, muchos de ellos creían sinceramente en su misión redentora o en que aquel servicio expiaría algún grave delito. Batallaban con denuedo en un terreno desconocido, ya que nunca habían luchado en el desierto, contra un enemigo mucho más numeroso que empleaba tácticas distintas del combate frente a frente. Miles de ellos murieron en combate o cayeron mutilados, luciendo su cruz encarnada en la túnica sobre la cota de malla, y los que salían ilesos volvían a luchar para ver si finalmente conseguían el martirio, o vagaban enfermos y míseros por aquella tierra que consideraban santa.

No era la primera vez que la Santa Sede jugaba a ese juego, ya que en 1064 el papa Alejandro II había convocado y enviado la llamada cruzada de Barbastro, en la que las tropas cristianas reconquistaron esa ciudad aragonesa y lograron mantenerla en sus manos por cierto tiempo. Es probable que Urbano II se inspirara en ese ejemplo de su antecesor, pero lo de Barbastro había sido una operación dentro del territorio europeo, y ahora se trataba de emprender un viaje de varios meses con armas y bagajes para enfrentarse a un enemigo desconocido en su propio campo.

Sin embargo la cosa le salió bien, tal vez de milagro. El enfrentamiento entre turcomanos y jeques tribales facilitó el triunfal avance de esa primera cruzada, comandada por una alianza de señores feudales. En el mismo año de su llegada, 1098 conquistaron Siria, y al año siguiente, Jerusalén, es decir, los mismísimos Santos Lugares. En esos territorios instauraron cuatro enclaves cristianos, bautizados pomposamente como Estados Latinos de Oriente Medio (o del Próximo Oriente): el reino de Siria, con capital en Antioquía; el de Palestina, con rey y Corte en Jerusalén; el condado de Trípoli, vasallo del anterior; y un segundo condado en la ciudad de Edesa. Pero la mayoría de los victoriosos cruzados tenían cosas que atender en casa. Regresaron entonces a Europa, dejando unas reducidas guarniciones sobre el territorio conquistado, formadas por los guerreros más fanáticos.

Una insistencia suicida

Cuando se trata de recuperar lo suyo, los árabes son muchos árabes. En 1146 recuperaron Edesa, el estado latino más fuerte, y la ferocidad de sus represalias indignó a toda Europa. El papa Eugenio III hizo el difícil encargo de recuperar lo perdido al joven rey francés Luis VII, quien emprendió la segunda cruzada. Pero el monarca galo estaba más preocupado por los devaneos de su esposa, Leonor de Aquitania, que por su expedición redentora. Intentó conquistar Damasco, pero fue rechazado hacia los alfanjes de los recios defensores de Edesa, que acabaron con sus juveniles ínfulas. Ya de regreso se divorció de su reina, que volvió a casarse con Enrique II, futuro rey de Inglaterra (con lo cual sin duda salió ganando).

Los musulmanes, ya puestos, expulsaron a los cristianos de Jerusalén en 1187 a las órdenes del famoso Saladino, no sin una sangrienta reprimenda a los vencidos por haber cogido lo que no era suyo. Otra vez se levantó el clamor europeo, azuzado por el papa Clemente III. Les tocó el turno de redentores al astuto Felipe Augusto de Francia y al inglés Ricardo I, que ya se había ganado el mote de Corazón de León guerreando contra su padre Enrique II, aquél que se había casado con Leonor. Los dos soberanos tuvieron una tremenda disputa respecto al itinerario de la expedición, que el voluble Ricardo zanjó acordando un trato con el aun más astuto sultán Saladino. Éste se quedó con Jerusalén, a cambio de dejar pasar sin obstáculos a los peregrinos al Santo Sepulcro. Y el soberano británico se volvió satisfecho a su reino, para detener los desquicios que estaba causando su hermano Juan Sin Tierra.

Dadas las circunstancias, saltaba a la vista que lo más prudente era dejarle Palestina a los árabes, por más Tierra Santa que fuera, y honrar desde Europa a Dios, que para eso estaba en todas partes. Pero los papas acostumbran a ser hombres tenaces y el Medievo era una época bastante irracional. De modo que el cristianismo insistió con tozudez por lo menos en cinco ocasiones más, aparte de incursiones menores que no cumplían las condiciones de una auténtica cruzada: ser convocada y bendecida por el sumo pontífice, estar integrada por caballeros cristianos que prometían lealtad bajo juramento, enarbolaban el estandarte pontificio, y estaban dispuestos a dar la vida por esa sagrada causa.

La cuarta cruzada fue idea de una pandilla de señores feudales, más feudales que señores. Se inició en 1204, se duda de si el pontífice Honorio III la había aprobado, y fue evidente que no prestó su apoyo, ya que sus nobles jefes se vendieron al poderoso Dux de Venecia, que tenía sus diferencias con el emperador bizantino. Los cruzados torcieron el rumbo, y debían ser buenos en lo suyo porque ese mismo año acabaron conquistando el decadente Imperio de Oriente. En su lugar fundaron el Imperio Latino de Constantinopla y algunos reinos vasallos, que subsistieron unos cincuenta años bajo la complacida protección veneciana.

Es probable que las gentes de la Edad Media se sintieran un poco hartas de los fracasos y desviaciones de las cruzadas, porque la quinta pasó casi desapercibida en Europa. Inocencio III lanzó en 1217 un nuevo llamado a combatir herejes, al que respondieron el rey Andrés II de Hungría y el franco Leopoldo VI, duque de Austria. Ambos se dirigieron al puerto de Acre,

Un delirio mesiánico

Los historiadores suelen atribuir a las cruzadas una decisiva influencia en los más diversos rubros del florecimiento de la Baja Edad Media, aunque hay autores que disienten de ese tópico. Admiten que las cruzadas establecieron contactos entre dos pueblos, o si se prefiere entre dos culturas, que no se conocían. Pero debió pasar un buen tiempo hasta que esos contactos fueron lo bastante amables y pacíficos como para intercambiar ideas, sabidurías, y mercaderías. Sostienen, con atendibles razones, que la mayoría de los aportes árabes en artes, ciencias y tecnología se difundieron en Europa a través del sabio califato de los Omeyas y otros centros avanzados de Al-Andalus. En definitiva, que más que causa fundamental del «Renacimiento del siglo XII», las cruzadas fueron una de sus consecuencias como elemento de unidad religiosa, coartada para interrumpir guerras, y desagüe del exceso de población y de riqueza.

Lo que no se debe perder de vista son los ensueños mesiánicos, delirantes y milenaristas que impulsaban a los cruzados, su absurdo heroísmo y su exaltado misticismo, que llegaron a engendrar sectas con fines tan enigmáticos y paganos como la Orden del Temple.

para unir sus tropas a las que había reunido Jean de Brienne, monarca latino de Jerusalén. La imprevista muerte del pontífice los deja un poco descolgados y sin noticias de Europa (ni Europa de ellos). Sin embargo, consiguen tomar el puerto egipcio de Damieta, pese a que el duque franco abandona la empresa. Entonces suceden varias cosas a la vez: los cruzados deciden avanzar sobre El Cairo; las hordas de Gengis Kan invaden por primera vez el

Oriente Próximo; y los musulmanes en su huida desmantelan las fortificaciones de Jerusalén. Jean de Brienne huye hacia adelante volviendo a conquistar Damieta, pero se ve obligado a evacuarla tras su definitiva derrota en la batalla de Mansura. Los cronistas europeos pasaron de puntillas sobre su frustrada aventura, si es que llegaron enterarse de ella.

Hubo todavía una sexta cruzada, en 1228, urdida entre el papa Gregorio IX y el emperador Federico II, participando como teloneros el francés Teobaldo de Champagne y el inglés Ricardo de Cornwell. Después de algunas escaramuzas llegaron a un acuerdo con los turcomanos, por el cual se les restituía Jerusalén a cambio de un valioso rescate. Pero, en 1244, los anteriores propietarios volvieron a ocuparla.

El honor de dirigir las dos últimas cruzadas correspondió a Luis IX de Francia, y cómo estaría la cosa que por haberlas emprendido lo hicieron santo. En 1248, organizó la séptima, con la bendición del papa Inocencio IV, y al año siguiente volvió sano y salvo, que ya es decir, pero sin mucho que contar. Insistió otra vez siendo ya mayor, en 1270, y en esta ocasión murió santamente de peste, durante el sitio de Túnez. Esta simbólica defunción marcó el final oficial de las empresas guerreras pontificias en Tierra Santa, aunque hubo nuevos intentos y ramalazos «cruzadescos» hasta bien entrado el siglo XV.

El enigma de los templarios

Un día de 1118 nueve caballeros de capas raídas avanzaban por las calles polvorientas y ardientes de Jerusalén. Dos de ellos encabezaban la marcha sobre corceles bastante presentables, otros seis se repartían en tres caballos de aire resignado, y el último venía a pie, pero muy erguido y marcial. Poco después se presentaban ante el rey latino Balduino II, rogándole que les permitiera defender a los peregrinos que recorrían el camino de Jaffa, a merced de temibles bandoleros y ataques por sorpresa de los musulmanes. El monarca cruzado concedió este pedido y, tal vez compadecido de su indigencia, les concedió como cuartel y cobijo una construcción aledaña al antiguo templo de Jerusalén. Los pobladores de la Ciudad Santa, al ver su austeridad y escasez, comenzaron a llamarlos «los pobrecitos caballeros del Templo» (o *Temple*, en francés) y después para abreviar, directamente «los templarios».

Pero, vayamos por partes. La historia había empezado a finales de 1117, en una reunión clandestina entre el intrigante y brillante monje benedictino Bernardo de Clairvaux, o sea, san Bernardo, y dos caballeros cruzados franceses llamados Hugo de Payns y Hugo de Champagne. Allí Bernardo expuso su idea de crear una orden cuyos integrantes fueran a la vez monjes y guerreros, o viceversa. Ante el interés de sus contertulios por el invento, explicó en líne-

La misteriosa Orden del Temple

Ese modesto suceso fue el acto fundacional de la primera y más poderosa orden religiosa militar de la historia, que alcanzaría un inmenso poder político, bélico y financiero, expandiéndose por todo Occidente, incluyendo en su momento el Nuevo Mundo. Los exegetas del esoterismo cristiano y los autores de best-sellers le han atribuido todo tipo de arcanos y sabidurías herméticas, raíces milenarias, enigmáticos secretos, e incluso contactos extraterrestres, que responderían a un plan ancestral de dominar el mundo, ya sea con intenciones redentoras o maléficas.

as generales los fines y reglas que había lucubrado para la belicosa congregación, y según parece agregó ciertas revelaciones mistéricas que desde entonces han permanecido secretas.

Durante casi diez años, los dos Hugos y sus camaradas permanecieron en Jerusalén dando pena al vecindario, defendiendo denodadamente a los peregrinos, y reclutando nuevos adeptos; aunque sin meterse en los combates de las cruzadas pontificias. Por indicación del fundador los nuevos miembros debían hacer los tres votos canónicos de obediencia, pobreza y castidad que ya habían hecho los antiguos. Era también obligatorio que actuaran en pareja, viajando y luchando juntos; compartiendo la misma cabalgadura cuando éstas escaseaban, que era casi siempre; comiendo de la misma escudilla; y no se sabe si durmiendo en el mismo jergón. Esta solidaria y ahorrativa costumbre levantó no pocos comentarios maliciosos entre las gentes de la época.

Mientras tanto, el santo de Bernardo movía cielo y tierra para conseguir que sus caballeros fueran reconocidos como Orden por la Santa Sede. Finalmente, en 1128, convoca él mismo un concilio en Troyes, que consigue la asistencia de numerosos prelados y la presencia del propio papa Honorio II. Parece que a éste le entusiasmó la idea de disponer de monjes que lucharan a brazo partido (la herida más frecuente en los combates de entonces) contra los infieles que escarnecían el Santo Sepulcro. Lo cierto es que aprobó y consagró con toda pompa la Orden de los Caballeros del Templo de Jerusalén, que sólo respondería directamente al pontífice en persona, sin atadura alguna o otros poderes eclesiásticos o civiles, y quedaba eximida de pagar impuestos o tributos. Les asignó también como signo distintivo la cruz de color rojo con ocho puntas, que las hazañas de sus portadores harían legendaria.

En opinión de la mayoría de los estudiosos, el Papa no invistió como superior del Temple a Bernardo, función que recayó en Hugo de Payns. Pero el santo de Clairvaux inspiró y estableció todas las normas y símbolos de los templarios, comenzando por las vestiduras blancas que los diferenciaban de los hábitos negros de la orden rival, la de los Caballeros Hospitalarios de San Juan. Bernardo había utilizado el mismo truco y los mismos colores al redactar la Regla del Císter en 1112. Sus monjes disidentes vestían una túnica blanca para distinguirse de los «monjes negros» que habían permanecido fieles a la orden benedictina. Los defensores de los mitos templarios no dejan de señalar que el blanco era el color distintivo de los levitas hebreos que custodiaban el Arca, de la secta precristiana de los Esenios, de los místicos sufíes y de las vestiduras de los druidas, que según esos mismos autores habrían sido los maestros secretos de san Bernardo.

El apogeo de los templarios

Una vez establecida oficialmente, la Orden del Temple asumió totalmente su participación en las guerras de Tierra Santa, aunque siempre un poco al margen de las idas y venidas de las cruzadas y, con el tiempo, prácticamente por su cuenta. Esto les permitió apropiarse de vastos territorios en Siria y Pa-

lestina, que serían la base de su legendaria riqueza. La idea más revulsiva de Bernardo era que el Temple participara sin ninguna cortapisa en los negocios y las finanzas seculares, de forma que, aunque los caballeros debían mantener su voto de pobreza, la Orden llegara a ser fabulosamente rica. Y fue exactamente eso lo que sucedió.

También la actitud de los templarios en la batalla y las refriegas estaba estrictamente pautada por normas de integridad y nobleza. Debían afrontar cualquier combate hasta la proporción de un templario por tres herejes; auxiliar en la batalla a un cofrade en apuros, aun a riesgo de perder la vida; y no responder a la provocación de otros cristianos salvo que éstos atacaran al caballero por tres veces. El faltar a estas exigencias se castigaba con tres doloro-

El amigo musulmán

Los templarios eran los enemigos más temibles de los árabes, y a la vez sus amigos más amables dentro del mundo cristiano. En las treguas entre batalla y batalla los caballeros del Temple no vacilaban en entablar cordiales relaciones con los árabes, aunque al día siguiente volvieran a enfrentarse en recios combates. Los musulmanes respondían con la misma moneda, y respetaban la valerosa integridad de los templarios en la batalla y, dentro de las costumbres bélicas de la época, su consideración con los vencidos y prisioneros. Se dice que en esas conversaciones cuarteleras los árabes les confiaron conocimientos secretos y dejaron caer algunas misteriosas claves, tanto de la sabiduría del Islam como del judaísmo ancestral, que el Temple guardó y utilizó en su propia conveniencia.

sas flagelaciones consecutivas. En otro orden de cosas, debían comulgar tres veces al año y tres veces a la semana dar limosnas a los idigentes, asistir a misa y comer carne. Esta última indicación no tiene mucho que ver con los ayunos y abstinencias monacales, pero sí con las fortificantes proteínas.

Cuando el ya comentado fracaso de las cruzadas dejó todo el Oriente Medio en manos de los árabes, los templarios se refugiaron en su enclave fortificado de Chipre, isla que luego vendieron para pasar al continente aun más ricos y poderosos. La Orden del Temple asentó sus bienes y actividades sobre todo en España y Francia, desde donde extendieron su influencia y sus negocios a casi todo el mundo conocido. Según sus admiradores fueron ellos, ya que no las cruzadas, quienes dinamizaron e impulsaron el florecimiento de la Baja Edad Media. Dieron cuantiosos préstamos a los reyes para imponer su autoridad sobre el sistema feudal y liberar a los siervos de la gleba estableciendo un régimen agrario más justo; difundieron el uso de la letra de cambio, inventada por los banqueros lombardos, para facilitar y agilizar la expansión del comercio, protegieron a los mercaderes y peregrinos limpiando los caminos de bandoleros y asaltantes; y el cultivo de sus extensas y ricas tierras mitigó el hambre de los pobladores y sus animales de labranza. Por otra parte poseían modernas flotas que llegaron a ser legendarias, cuyas naves tanto aseguraban el transporte de marítimo de mercancías, como defendían y vigilaban las costas europeas ante posibles invasiones de ultramar. Todo esto les ganó el prestigio y la adhesión popular, al tiempo que por sí mismos amasaban una inconmensurable fortuna.

Los castillos y fortalezas templarias eran faros de protección de los menesteroso y desamparados, al tiempo que dinamizadores de nuevas artes y técnicas, algunas sorprendentes, que habían aprendido en Oriente. Entre ellas los avances arquitectónicos que permitieron el paso de la iglesia románica a la catedral gótica (se estima que sólo en siglo XII asesoraron y ayudaron a financiar la construcción de setenta catedrales).

A finales del siglo XIII, el poderío de la Orden del Temple, y sobre todo su generosa y piadosa forma de ejercerlo, motivaban el resentimiento y la envi-

La misteriosa Catedral de Chartres

Afirma la tradición esotérica que los templarios emplearon a fondo sus conocimientos herméticos en la ubicación y construcción de la Catedral de Chartres, erigida en 1194 sobre las ruinas de una iglesia anterior. La Orden del Temple debía saber que ese sitio había sido sede de una suerte de seminario o universidad druida y de varios templos o santuarios paganos que se remontaban a los tiempos prehistóricos. Y si alguien lo ponía en duda, allí estaba aún el dolmen que desde hacía milenios señalaba la misteriosa fluencia de vibraciones telúricas que se daba en ese lugar. Los templarios emplearon conocimientos hasta entonces ignorados, como las formas poliédrica, el arco ojival o el número de oro, que aparte de su presunto poder mágico aportaron belleza y sostenibilidad a la construcción.

Lo cierto es que los visitantes de la Catedral de Chartres experimentan en su interior un extraño sentimiento de liviandad y elevación, y salen más erguidos y exaltados, proclamando su agradecimiento a Dios y a la Orden del Temple.

dia de otros poderes que se sentían desplazados. Hacía tiempo que la Santa Sede había perdido el control de las actividades templarias, que, además, profanaban sus doctrinas, mientras la mayoría de los monarcas europeos debían entregarles bienes y posesiones en pagos de los cuantiosos préstamos otorgados por el Temple. El más endeudado y furioso de todos era el rey francés Felipe IV el Hermoso, que afeaba su belleza con su feroz emperramiento en morder la mano que le había dado de comer. Una noche de 1307, Felipe IV hizo detener con nocturnidad y alevosía a todos los templarios que encontró a tiro, alentado por la sibilina complicidad del papa Clemente V, que de inmediato ordenó a los reyes y obispos el embargo de todos los bienes de la Orden y el arresto sin contemplaciones de los caballeros.

La Orden del Temple fue acusada ante el Alto Tribunal de la Inquisición por herejía, perjurio, sodomía y satanismo, entre otros cargos que impresionaban al pueblo de la época, mientras las diócesis y monarcas, en especial el Hermoso, se apoderaban ávidamente de sus tierras, castillos y bienes; buscando con desesperación los legendarios cofres repletos de joyas y monedas de oro, que nunca llegaron a encontrar. El Santo Oficio desató entonces una masiva e implacable «caza de brujas» contra los templarios, arrancándoles bajo tortura absurdas confesiones y condenándolos por centenares a la hoguera. Ese atroz exterminio culminó en 1311 con la condena y ejecución de Jacques De Molay, el último gran maestre de la Orden del Temple.

Pero no todos los templarios murieron en la hoguera. Algunos se camuflaron en otras órdenes religiosas, sobre todo en España; otros resistieron abiertamente, como los caballeros alemanes que se convirtieron en la Orden Teutónica; mientras que los templarios franceses se infiltraron en los amistosos gremios artesanales que antes habían protegido, dando nacimiento a la masonería.

Dice la leyenda que un gran número de miembros de la Orden del Temple logró alcanzar el puerto francés de La Rochelle, base de su gran flota de ultramar. Allí embarcaron con rumbo desconocido, dando pie a la creencia de que una flota pirata fantasma abordaba a las naves solitarias. Hay quien cree incluso que los navegantes templarios llegaron a América antes de su descubrimiento en 1492, llevando consigo sus secretos bien guardados y su proyecto de implantar precisamente un Nuevo Mundo.

Puede que esa sea solamente una fantasía, y que sólo fuera por casualidad que las carabelas de Colón llevaran pintada en sus velas la altiva cruz roja de la Orden del Temple.

Tercera parte

Nobles, burgueses y pueblo llano

Usos y abusos del feudalismo

Si se deja de lado al abundante personal eclesiástico regular y secular, la sociedad laica entre los siglos IX y XII se componía de sólo dos estamentos: la nobleza y el pueblo llano. Ambos vivían separados por una distancia abismal en todos los sentidos, comenzando por el hecho de que los nobles feudales lo eran por ser dueños y señores de la tierra, y el resto eran campesinos que trabajaban como siervos de la gleba, es decir, cultivando los labrantíos de su señor. Éste no se limitaba a esa vil explotación laboral, sino que era a todos los efectos el amo de los pobladores de su feudo, incluyendo la familia, el ganado y los enseres de labor. Ese dominio absoluto sobre la vida y el destino de las personas, consagrado por la Iglesia y las monarquías, se sostenía además por el miedo, cuando no por el terror.

Los poderosos vasallos

Después de la disolución del Imperio Romano no existió ningún poder que volviera a unificar los vastos territorios europeos, si se exceptúa la

La crueldad y el espanto

Varios pasajes del libro de Ken Follett describen con crudeza escenas de abusiva crueldad, que refieren sin tapujos al trato que daban los señores feudales a los campesinos. Palizas, atropellos, latigazos, asesinatos, violaciones e incendios de viviendas o aldeas por motivos nimios o sin motivo alguno, eran moneda corriente para imponer la autoridad del amo sobre sus siervos. Por su parte, la Iglesia mantenía a sus fieles en la ignorancia y el espanto, con la amenaza constante de la perdición y las terribles torturas del infierno. No sería exagerado afirmar que el campesinado medieval vivía aterrado por amenazas humanas y divinas, y que ese terror era condición necesaria para sostener la injusticia del sistema feudal.

inconclusa experiencia de Carlomagno. Paradójicamente, fue el propio Imperio Carolingio el que creó unas relaciones personales más estrechas entre el monarca y sus capitanes, consejeros o servidores. Este vínculo especial se expresaba formalmente en un acto de vasallaje, por el cual el soberano otorgaba a su vasallo un beneficio por los servicios prestados, que generalmente consistía en tierras. Su posesión implicaba un título nobiliario, como barón o señor de ese dominio. En la investidura el beneficiado rendía homenaje al benefactor, colocándole entre las manos las suyas unidas. El vasallaje se consagraba con un intercambio de besos, desde luego protocolares.

A partir del siglo XI, y sobre todo en el siguiente, el vasallaje perdió su sentido original de premio o recompensa, para convertirse en un sistema de explotación agraria y a la vez en un acuerdo de servicios militares. Los propietarios de grandes extensiones de tierras (reyes, condes, barones, obispos

o abades) se mostraban poco eficaces, tanto para administrarlas como para defenderlas. Llegaban así a acuerdos de vasallaje con señores locales, que necesitaban evitar el aislamiento de su dominio en una época violenta y sin ley. Se implementaba entonces una argucia consistente en que el vasallo hacía un juramento de lealtad al más poderoso y le ofrecía sus tierras, que de inmediato se le reintegraban en carácter de «feudo», a cambio del compromiso de aportar tropas al reino, diócesis o condado en caso de guerras o invasiones. El uno se sentía más fuerte y era propietario legal de más bienes, de los que el otro conservaba la posesión de por vida, que poco después se hizo hereditaria. Los vasallos más fuertes recibían a su vez juramento de vasallaje de otros menores, y se llegaron a constituir grandes extensiones de feudos y subfeudos escalonados, que dieron lugar a condados, ducados y principados a veces más ricos y poderosos que el soberano del cual dependían formalmente.

Si hubiera sido posible sobrevolar un señorío feudal, destacaría en primer lugar el castillo o abadía del propietario, en ocasiones rodeado de una aldea amurallada, y a su alrededor las tierras que laboraban los siervos de la gleba. Más allá se verían otras tierras de labranza, donde vivían y trabajaban los aparceros, o campesinos «libres» que pagaban por ellas una renta al señor. Unos y otros apenas conseguían subsistir, porque el arriendo era abusivo y los aparceros ocupaban las tierras menos fértiles; mientras que los siervos debían entregar al amo la mitad de sus cosechas y productos de granja, (huevos, leche, aves, corderos, etc.) con lo que un mal año, un invierno duro o uno de los frecuentes incendios o catástrofes naturales, para no hablar de una guerra, podían hundirlos en el hambre y la miseria. Y no abundaban los señores benevolentes que ante esos desastres perdonaran en parte o en todo lo que les correspondía.

Algunos historiadores denominan «señorío jurisdiccional» a la potestad de los grandes señores para juzgar y sentenciar en nombre del rey, e incluso dictar condenas de muerte, aunque en la época se les llamaba muy gráficamente «señores de horca y cuchillo». Lo más frecuente era que se ahorraran el trabajo de juzgar y sentenciar, y pasaran directamente a la acción, ejecutando al acusado en el cadalso o, si había prisa, colgándolo de un árbol o pasándolo a cuchillo. Esos crímenes arbitrarios e impunes eran en realidad la culminación de la habitual serie de vejaciones y atropellos que ejercían arbitrariamente los señores de la tierra.

El señor en su castillo

El verdadero y único oficio del señor feudal era la guerra. Para ella se preparaba desde la infancia, se entrenaba en la adolescencia, y estaba listo y dispuesto para ejercerla en cualquier momento. Salvo en los raros periodos de paz absoluta, buena parte de ellos luchaban toda la vida o morían en combate. Otros, más afortunados, podían colgar espada y armadura a la provecta edad de cuarenta y tantos años, a la que por cierto llegaban hechos cisco. Entre batalla y batalla, su pasatiempo favorito era la caza y su vicio preferido el perseguir y violar doncellas campesinas.

¿Existió el derecho de pernada?

Los dramas románticos rurales que transcurren en el Medievo suelen presentar como amenaza al puro amor de sus protagonistas un supuesto «derecho de pernada», a cargo del señor que es amo de la doncella. Según esta versión, aceptada hasta hace poco por muchos historiadores, el noble feudal disfrutaba del privilegio de desflorar a la novia el día antes de la boda o en la misma noche nupcial. Recientes estudios e investigaciones parecen demostrar que ese derecho es una invención literaria. Parece que la realidad era menos formalizada y mucho peor, en tanto los señores se permitían poseer a cualquier mujer a su servicio, virgen o no, en cualquier momento y donde la pillaran.

En el siglo XI, las residencias señoriales, que en Roma y la Alta Edad Media eran una especie de cortijo o casa solariega, sufrieron una espectacular transformación. El ya mencionado oficio castrense de los señores, el avance de las invasiones musulmanas hasta los Pirineos, la amenaza normanda por el norte y los ataques de los húngaros o magiares por el este, más el recrudecimiento de las contiendas intestinas, pusieron en serio peligro la integridad de los nobles feudales y sus familias. La solución fue recluirse con guardias y servidores en sólidas fortalezas residenciales, que hoy se conocen como los castillos feudales y forman parte imprescindible de la iconografía medieval.

El castillo era una fortificación defensiva, que podía erigirse desde cero o adaptando una construcción existente. En ambos casos se levantaron en un principio fortalezas de tierra y madera, ya que su asentamiento era provisional a causa de la fragilidad de la línea que contenía las invasiones. La obra consistía en levantar un montículo de altura considerable amontonando tierra, cuya excavación se hacía en círculo para dejar una zanja o foso que servía de primer obstáculo para los eventuales atacantes. La parte superior del montículo se nivelaba y apisonaba, y a continuación se formaba un recinto con vallas de troncos aguzados. En su interior se cavaban acequias para desaguar las lluvias y se formaban plataformas de tierra o tablados a distintas alturas, que servirían de suelo a las diversas estancias, protegidas por una segunda empalizada interior. Entonces se iniciaba la construcción propiamente dicha, que originalmente consistía sólo en un basamento y una torre de madera, cuya altura permitía lanzar lluvias de flechas o lanzas arrojadizas en cualquier dirección para defender las empalizadas. El señor, su familia y los criados se las arreglaban para instalarse dentro de la torre, ocupando también a veces una reducida construcción adjunta.

Con la derrota o retirada de los atacantes bárbaros y el retroceso de la invasión árabe en España, los señores asentaron definitivamente sus feudos y retomaron la construcción de castillos de piedra. La disposición básica no se diferenció mucho de las anteriores fortificaciones de tierra y madera, pero su función defensiva fue perdiendo peso a favor de la comodidad e incluso cierto lujo de la residencia familiar. El montículo mantuvo su carácter defensivo, ahora con torres y terrazas de piedra, pero a su alrededor se distribuían estancias y dependencias al servicio de la familia señorial y el creciente número de cortesanos y servidores que habían pasado a residir en el castillo. El ámbito principal y más amplio era el gran salón o sala de homenaje, donde el señor recibía a sus vasallos, administraba justicia si era el caso, y sobre todo ofrecía grandes cenas con sus familiares y consejeros, que podían ser de agasajo a visitantes o huéspedes ilustres.

Pese a estas pequeñas concesiones al bienestar y al boato nobiliario, el castillo medieval seguía siendo un lugar húmedo, gélido y oscuro. Plagado de penumbrosos corredores y estrechas escaleras que a veces no llevaban a ninguna parte (a causa de los frecuentes errores constructivos, prolongadas interrupciones de las obras, o reformas que obturaban esos accesos); iluminados por antorchas humosas y vacilantes; ventilados por escasas y pequeñas

ventanas que sólo existían en la parte alta por razones de seguridad; sometido al frío invernal que se colaba por los pasadizos, y sin otra calefacción que la chimenea que presidía el gran salón. Sus habitantes no vivían mucho mejor que cualquier humilde monje en la celda de su monasterio. (Según un reciente estudio los grandes señores medievales, incluyendo los reyes, disfrutaban de menos comodidades básicas que un modesto trabajador actual en los países desarrollados.) Llevó tiempo y cultura conseguir que cada miembro de la familia dispusiera de algo así como un dormitorio, o que vidrieras de colores reemplazaran a los postigos de madera de las ventanas, que se clausuraban con tablas y clavos durante todo el invierno.

Aun cuando los árabes habían sido reducidos a los límites de Al-Andalus, y no había riesgo previsible de nuevas invasiones, los castillos mantuvieron una importante función militar. El gran puzzle de señoríos feudales, cada uno con ansias de extender sus dominios, y los conflictos sucesorios o de clanes en los nuevos reinos que se estaban formando, creaban enfrentamientos que acababan resolviéndose en el campo de batalla. El que llevaba mejor suerte avanzaba sobre el territorio enemigo castillo por castillo, asediando y atacando al vasallo del rival hasta rendirlo y pasar al castillo siguiente. Esa cadena de victorias parciales culminaba con la llegada del invasor frente al castillo ocupado por el jefe adversario y su estado mayor, en el que se entablaba la batalla decisiva. Un ejemplo típico de este tipo de guerra es la que libraron por el trono de Inglaterra la reina Maud y el rey Stephen, que precisamente sirve de marco a nuestro libro de referencia, *Los pilares de la Tierra*.

La señora y su familia

Al comenzar la Baja Edad Media recién se estaba inventando el amor, y los matrimonios de la nobleza se concertaban por motivos de interés político o económico que beneficiaban a ambas partes, a menudo cuando los futuros contrayentes aún eran niños. Las bodas se celebraban por todo lo alto en las flamantes catedrales y con la aprobación y bendición del obispo, que también oficiaba la ceremonia; y por todo lo bajo con fiestas y ferias populares. Pero ahí terminaban las alegrías, sobre todo para la flamante señora del castillo. Su misión fundamental y casi exclusiva era proveer de descendencia a su marido. Un primogénito que heredaría el título y los bienes, otros varones «segundones» para combatir por el feudatario y tratar de conseguir un feudo propio que se sumaría a las posesiones y el prestigio de su linaje, y varias mujeres para casarlas ventajosamente obteniendo un resultado semejante.

Solía bastar con unas pocas cópulas, o incluso sólo una, cumplida a través de un piadoso orificio en el camisón de la causante, para que un señor joven y vigoroso fecundara a una joven señora casi adolescente, o sea ambos en la flor de sus hormonas. Cumplido el trámite la dama afrontaba un largo periodo de embarazo, posparto y lactancia, durante el cual el señor ni asomaba por la alcoba. Llegado el momento aparecía para engendrar el siguiente retoño, y regresaba de prisa a sus cacerías y sus refriegas, bélicas o carnales. En ese plan, la joven madre ni se enteraba de que el sexo conyugal podía producir placer, ni se atrevía a intentar averiguarlo por su cuenta. Descartado ese frustrado aspecto de su vida, y dado que los varones de la familia apenas paraban en casa, la castellana se apoderaba del castillo para su uso y disfrute. Ocupaba las mejores estancias o hacía construir otras nuevas para una alcoba privada, salones donde bordar y reunirse con sus homólogas y sus hijas mayores, tan desocupadas como ella, a veces una capilla propia o al menos un altarcillo y un confesionario personal. Se rodeaba de un grupo de doncellas y azafatas de diverso rango, una o dos muy íntimas que hacían de confidentes en sus pequeñas intrigas y sus posibles amoríos. Organizaba reuniones y fiestas para su círculo, a las que el único invitado varón solía ser el cura, que ya fuera por inofensivo o por tentador, era tema de cuchicheos algo subidos de tono entre las asistentes. En suma, la dama convertía el viril castillo en una activa fortaleza femenina contra el aburrimiento y la desazón.

Los castillos feudales de la Baja Edad Media variaban bastante en tamaño y grado de ostentación, pero todos conservaban la misma estructura básica y seguían dando prioridad a la defensa sobre cualquier otra consideración o necesidad. Los nobles residentes que no pertenecían a la familia variaban desde tres o cuatro funcionarios y consejeros imprescindibles (que a menudo eran también parientes más o menos cercanos), y una abigarrada corte de damas y caballeros que adulaban a los reyes, príncipes y grandes duques realmente poderosos. Era también variable el número de servidores, entre ellos pajes, escuderos, doncellas, peones, palafreneros, armeros, guardias, doncellas, amas de cría, preceptores, capellanes, institutrices, lacayos cocineros, pinches y maritornes.

Con la consolidación de las monarquías absolutistas, las rebeliones campesinas, la creación de municipios urbanos, la generalización de las armas de fuego y otros profundos cambios que surgieron a partir del siglo XII, el sistema feudal se tornó obsoleto, y la aristocracia abandonó los viejos castillos fortificados para instalarse en cómodos y esplendorosos palacios y palacetes, cuyas elegantes torres y almenas apenas remedaban la función defensiva de las fortalezas feudales.

El amor cortés: caballeros y trovadores

Durante la decisiva batalla de Bosworth, el rey inglés Ricardo III cayó descabalgado en medio del combate. Incapaz de luchar a pie, gritó con desesperación: «¡Un caballo, un caballo, doy mi reino por un caballo...!»; o al menos eso le hace exclamar Shakespeare en su tragedia biográfica sobre el tenebroso soberano. Este episodio ocurría en 1485, y resume ejemplarmente la vital importancia de la caballería en los combates medievales.

Lo jinetes habían recuperado su eficacia bélica en los victoriosos ejércitos de Carlomagno, y a lo largo de la Baja Edad Media su prestigio guerrero creció hasta alcanzar la leyenda. Su idealización dio pie a la creación de las órdenes de caballería, a la popularidad de historias inspiradas en los mitos artúricos, y a la aparición de los trovadores que exaltaron una nueva forma de vínculo sentimental que tomó el nombre de «amor cortés». En la estela de ese fenómeno surgirán posteriormente los cuentos de romances medievales «blancos» y las novelas de caballería que Cervantes parodiará magistralmente en el *Quijote*.

Los jinetes redentores

Las ventajas de los jinetes sobre los infantes en las batallas medievales eran bastante obvias y habían sido aprovechadas ya en los ejércitos clásicos, como los de Alejandro y Julio César, o en las hordas montadas de los invasores bárbaros. Luchar a caballo ofrecía una visión más amplia del conjunto de la batalla y de la situación inmediata, permitía combatir sentado y no sostenido por las propias piernas, así como utilizar una plúmbea armadura metálica, lanzas y espadas más pesadas y otras armas complementarias que se cargaban en la montura, aparte de la mucho mayor rapidez de avance y desplazamientos, y la función del caballo como escudo vivo contra los golpes necesariamente bajos de los infantes.

La diferencia básica que aparece en la Baja Edad Media con respecto a la caballería tradicional, es que las tropas montadas ya no son formaciones estables y organizadas, sino constituidas por jinetes autónomos, generalmente nobles, que no sólo participan en las guerras sino que se atribuyen misiones redentoras individuales contra los abusos e injusticias de la época. Como se ha visto al tratar el sistema feudal, los reyes y príncipes no podían permitirse mantener una costosa caballería, por lo que idearon las llamadas órdenes caballerescas como anzuelo para reclutar jinetes espontáneos que se pusieran a su servicio. En otras palabras, extender el contrato bélico de los acuerdos de vasallaje a otros caballeros no ligados por ese compromiso de lealtad guerrera.

Pero... ¿por qué un joven querría comprar y mantener un caballo, así como la costosa armadura, el escudo, las armas de combate y la montura, arreos, jaeces y defensas que llevaría su cabalgadura, aparte de contratar y pagar un escudero? Y sobre todo, ¿por qué se arriesgaría a combatir en batallas en las que nada lo obligaba a participar? La respuesta de los soberanos fue infundir a las órdenes de caballería la sublime misión de luchar en defensa del honor de nobles damas y doncellas, y al tiempo recorrer en solitario el mundo «desfaciendo entuertos» en nombre de Dios, de su señor, y de la platónica amada.

Los jinetes medievales no eran entonces sólo simples guerreros de a caballo, sino atrayentes adalides justicieros que provocaban los sofocos de las damas y la fantasiosa admiración del pueblo llano. Ese prestigio tentó a numerosos segundones y miembros de la baja nobleza, deseosos de aumentar sus blasones, y a no pocos hijos de la naciente burguesía o de los aparceros y servidores bien situados, que ansiaban incorporarse a la nobleza.

Juramentos y abjuraciones

En la Baja Edad Media pertenecer a una orden de caballería era tanto un modo de obtener reputación y ascenso social, como una forma de vida. El ideal caballeresco se había extendido por toda Europa y no había reino que no se ufanara de una orden prestigiosa. Eduardo III de Inglaterra fundó en 1347 la de Garter, limitada a 25 caballeros quizá por imitación de la mítica Mesa Redonda; Felipe el Bueno de Borgoña creó la Orden del Vellocino de Oro, que llegaría a ser la más rica y poderosa de todas; Luis XI impulsó en Francia la de San Miguel, con la misión implícita de controlar a la nobleza levantisca; y en España se constituyeron las de Calatrava, Santiago y Alcántara, ligadas a la lucha contra los moros y la protección de las poblaciones cristianas.

Los aspirantes a pertenecer a una orden, fueran nobles o plebeyos, eran armados caballeros por el rey, en un ciclo ritual que comprendía pasar una noche velando las armas, y al día siguiente un acto de juramento público de lealtad al soberano y a las normas caballerescas, que culminaba con la solemne ordenación, en la que el rey consagraba al nuevo caballero arrodillado, apoyando la espada sobre su cabeza o en un hombro. Las reglas de caballería, establecidas por pensadores prestigiosos como Ramón Llull en su *Libro*

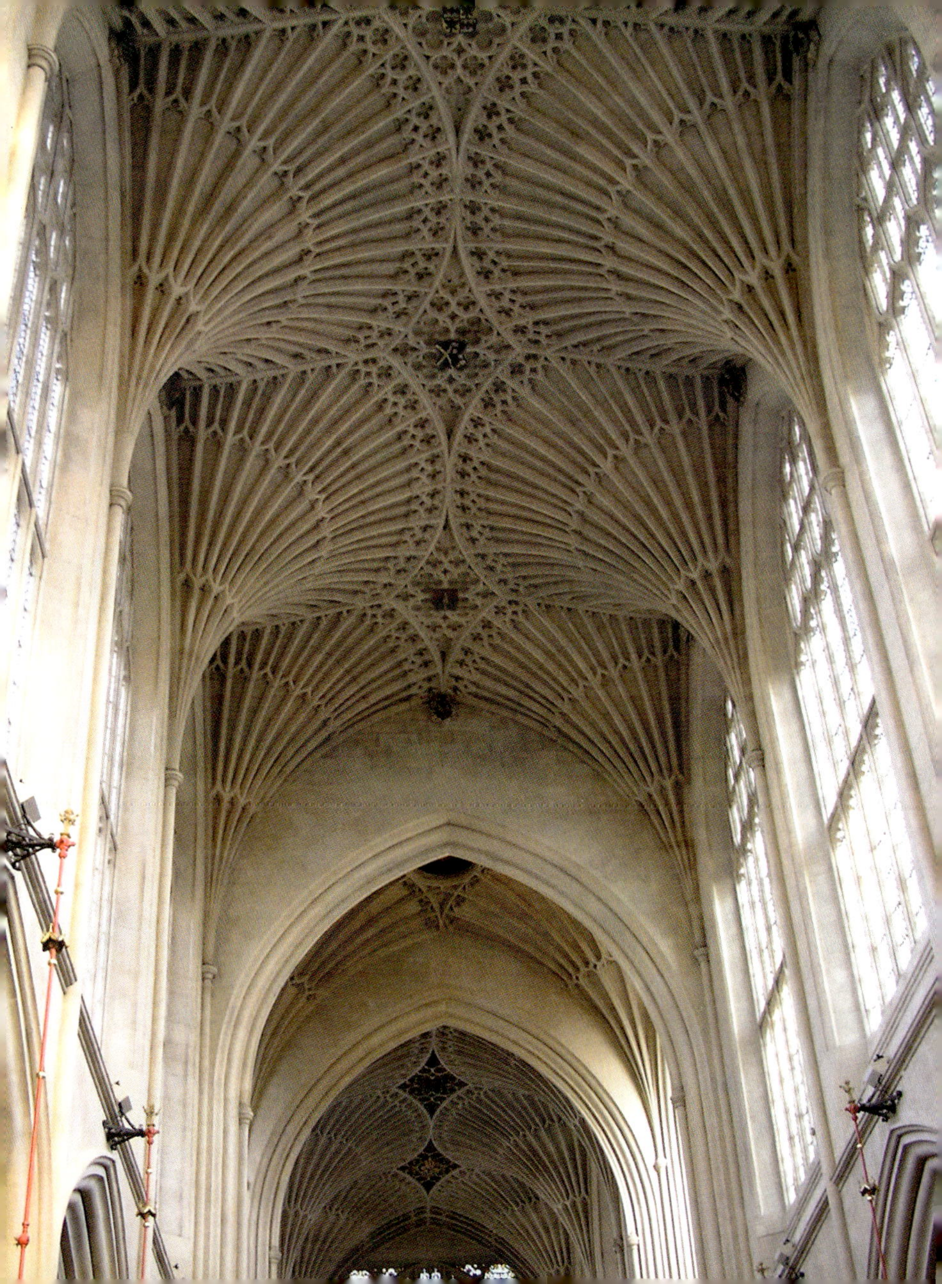

LOS ANTECESORES DE SANCHO PANZA

Un personaje fundamental e infaltable en la historia de la caballería era el escudero, habitualmente un joven adolescente que aspiraba a ordenarse caballero al cumplir los 21 años, y con menos frecuencia un soldado veterano o un sirviente del castillo familiar. Mezcla de armero, lacayo y enfermero, se ocupaba de asistir al caballero en sus necesidades personales y profesionales. Llevaba, cuidaba, y alcanzaba en el momento oportuno los caballos y armas de reemplazo, curaba las heridas de su amo, y en muchas ocasiones luchaba junto a él en las batallas. En esos casos procuraba ganar prestigio enfrentándose a caballeros rivales, pero éstos lo evitaban para no desprestigiarse.

de la orden de caballería (*Libre de l'ordre de cavalleria*) o en el *Libro del caballero y el escudero,* del infante don Juan Manuel, consistían en cumplir un juramento de proteger a las mujeres y los débiles, luchar contra todo mal e injusticia, defender al reino y su soberano, así como a la fe cristiana y su Iglesia, y otras promesas menores que variaban según cada Orden. Esas normas debían cumplirse aun a riesgo de perder la vida, condición que muchos miembros traicionaban a la hora de arriesgarse.

La práctica concreta de los caballeros andantes distaba mucho de lo prometido teóricamente al ser ordenados. Sus expediciones solitarias y redentoras, tan idealizadas por la leyenda, eran escasas y muchos supuestos adalides nunca llegaban a emprender una, ocupados en las innumerables batallas que requerían su presencia. Si lo hacían, no era raro que se saltaran sus normas, aterrorizando a mendigos y pobres caminantes por prepotencia y diversión, o seduciendo y violando a zagalas desprevenidas que se cruzaban en su camino. No todos, es cierto, pero hubo algunos, por no decir bastantes.

Entre damas y trovadores

Con el paso del tiempo los caballeros fueron abandonando su misión original, reduciéndola a su participación en los torneos o justas, especie de lides circenses organizadas para su lucimiento y la diversión de los reyes y su Corte. En el espectáculo, o mejor dicho en los palcos y tribunas que alojaban al público, destacaba la presencia de las damas. Cada caballero debía elegir a una de ellas como su inspiradora, digamos espiritual, cuyo honor defendía simbólicamente en su enfrentamiento con el caballero rival. Era costumbre que la escogida ofreciera un perfumado pañuelo a su adalid, que lo anudaba como estandarte a la punta de su lanza. El jinete y su caballo iban adorna-

Un cantar en Languedoc

Es aceptado que la invención del amor cortés se debe a Guillermo de Poitiers, noveno duque de Aquitania, poeta y experto en las bondades de la sensualidad, la buena comida y el mejor vino. Este noble vividor compuso por primera vez versos en un dialecto popular del latín, la lengua de oc, y solía cantarlos con melodías compuestas por él mismo. Tuvo seguidores e imitadores, que consiguieron fama y fortuna promovidos por su nieta, la famosa Leonor de Aquitania, mujer muy culta y muy suya que llegó a ser reina de Francia y de Inglaterra. Nada menos.

dos como pavos reales, con yelmo emplumado, armadura y escudo labrados, vistosa capa voladora y coloridas enseñas el primero, y el animal con faldones decorados, riendas forradas en ricas telas, máscara protectora con filigranas y también plumas en la cabeza. Al sonar la trompeta, los adversarios arremetían al galope uno contra otro procurando que su lanza despuntada (y pintada a bandas relucientes como un bastoncillo de caramelo) derribara al rival al suelo, lo que bastaba para sancionar su derrota.

Entre torneo y torneo los caballeros se pavoneaban por los salones palaciegos o requebraban a su dama, llegando, si ésta era soltera o con marido ausente, a hacer manitas en un rincón discreto. Por entonces no gozaban ya del favor de la Iglesia, que desautorizaba la celebración de justas y denostaba el amor cortés. El mismo santo Tomás había sentenciado que acariciar y besar a una mujer con placer, aunque fuera sin intención de fornicar, era un pecado mortal. De todas formas entre dama y caballero las cosas no acostumbraban a pasar de ahí, salvo en contadas y felices ocasiones. Según las crónicas, puestas a desfogar sus ansias hasta el final, las señoras medievales optaban por los juglares y trovadores, que eran más expertos y divertidos, estaban de paso, y se inclinaban a mantener en secreto sus conquistas femeninas de alto rango.

El amor de los trovadores

La invención de Guillermo de Aquitania consistió en dar forma poética a las relaciones que se establecían entre el caballero andante y su dama, expresándolas con una sutil mezcla de idealismo y erotismo. El ansia pura del galán por conquistar a la amada contrastaba con el anuncio de lo que haría si lograba seducirla o las veladas acusaciones que manifestaba si ella acababa rechazándolo. No obstante lo que estableció el género, y llegó a convertir la idealización en ideología, fue su enfoque sincero y carnal del vínculo amoroso, por primera vez distanciado del negocio conyugal y de la exclu-

sividad reproductiva que le atribuía la Iglesia. Se le llamó «amor cortés» por ser cantado y apreciado en las cortes medievales, pero su contenido y su intención iban bastante más allá de la mera cortesía.

La poesía popular de la Baja Edad Media tuvo tres vertientes importantes. Los «cantares de gesta» relataban las hazañas guerreras de reyes y paladines en enfáticas e inacabables obras, cuyas expresiones más notables fueron *La canción de Roldán* (*La chanson de Roland*) escrita en lengua de oc entre 1110 y 1125, y el Cantar del mío Cid, alabanza en castellano de Rodrigo Díaz de Vivar, ambos de autor anónimo. Existían asimismo dos «mesteres», término derivado del latín *ministerium*, que significa servicio u oficio, en alusión al menester o tarea de escribir poemas. El «mester de clerecía», era una poesía erudita inspirada en los poetas latinos y plagada de cultismos y latinismos, escrita por «clérigos» (entendiendo por tales no sólo a eclesiásticos sino también a estudiantes y personajes ilustrados), en la que destaca *Le libre de Alexandre,* que cuenta la vida de Alejandro Magno. Por otra parte el «mester de juglaría», a cargo de poetas itinerantes, relataba noticias, glosaba leyendas y difundía los temas del amor cortés. Sus cantautores recibían el nombre de juglares o trovadores.

Los trovadores eran poetas, músicos y cantores más o menos cultivados, que recogían los textos del duque Guillermo y otros autores de su estilo (también compusieron trovas otros personajes encumbrados, como Alfonso II de Aragón o Ricardo I Corazón de León). Escribían asimismo la letra y música de canciones propias y las interpretaban acompañándose de instrumentos de cuerda, añadiendo a veces unos estudiados pasos de danza. En sus recorridos preferían actuar en cortes reales o señoríos feudales, donde causaban el embeleso de las damas, la envidia de más de un caballero, y la calurosa aprobación de todos. Cantaban los textos de memoria, y para ayudarla recurrían a la rima y a los refranes repetitivos. De todas formas la longitud de los poemas hacía pesada la función, por lo que comenzaron a recortarlos o escribir otros nuevos más cortos. Estos poemas más breves, denominados «romances» por cantarse en las lenguas dialectales del latín romano, darían nombre a la propia relación amorosa, a las novelas en francés, y a la corriente intelectual y artística llamada romanticismo.

Los juglares eran de extracción y estilo más popular, como herederos de los saltimbanquis y funámbulos itinerantes de las ferias y fiestas del pueblo llano. Sus canciones eran más vulgares y escabrosas, con agregados espontáneos o a pedido de los asistentes, acompañadas de saltos, piruetas y gesticulaciones más bien grotescas, que buscaban regocijar al público rústico de las plazas de aldea.

No está muy claro por qué los dos mesteres llegaron con el tiempo a confundirse, si no a fundirse. Quizá algunos trovadores necesitados de fondos condescendían a presentar su función en las plazas, y los espectadores les llamaban juglares. O por el contrario, éstos fueron adoptando los temas y estilos de los trovadores, al tiempo que la sociedad medieval se hacía más burguesa y exigente. Lo cierto es que la gente los llamó indistintamente trovadores o juglares, siempre que hicieran bien lo suyo y ofrecieran diversión al personal. No sabían entonces que aquellos poetas cantores protagonizaban el acontecimiento cultural más importante de toda la Edad Media.

La dura vida del pueblo llano

La vida del pueblo llano de la Edad Media fue quizá la más mísera y penosa en toda la historia europea. La población, salvo escasas excepciones, se componía de campesinos y siervos de la gleba dispersos y aislados en sus parcelas, cuya única obsesión era obtener lo suficiente para la subsistencia de la familia. Esa esperanza, y en realidad toda su existencia, estaban estrechamente ligadas a la tierra y a las condiciones y fenómenos de la naturaleza. Sus cosechas dependían de las lluvias y la bondad del clima, ya que una sequía, una tormenta, una helada o un incendio provocado por un rayo podía arruinarlas y desatar una época de hambruna. Su vivienda, su alimentación y su vestimenta, se elaboraban con lo poco o mucho que ofrecía el ámbito natural que les había tocado en suerte.

El trabajo era duro y las herramientas de labranza muy primitivas, por lo que debía participar en él toda la familia, excepto los muy ancianos, que, por cierto, no abundaban, y los niños pequeños, que eran casi siempre nuevas bocas indeseadas que alimentar. Las mujeres quedaban embarazadas una y otra vez mientras eran fértiles, aunque a menudo abortaban a causa de los esfuerzos en sus tareas, golpes, caídas o mala nutrición. Era también muy alta la mortalidad infantil, por lo que «afortunadamente» no todo embara-

Alegrías en la penuria

A pesar de esas amargas perspectivas, la actitud vital del pueblo llano no era lastimera ni, como diríamos hoy, depresiva. Por el contrario celebraba alegremente sus fiestas populares, en su mayor parte de origen pagano y sincretizadas por la Iglesia, cuyo paradigma era la celebración del comienzo del verano o noche de San Juan, que pasaban en vela bailando, cantando y bebiendo a la luz de inmensas hogueras heredadas de la liturgia druídica de los celtas y galos. Los hombres, ligados al ciclo agrario, disponían de más tiempo libre entre la siembra y la cosecha (que también eran excusa para festejos y ferias). El punto de reunión masculino era la taberna, donde no sólo se bebía sino también se conversaba, se discutía, se bromeaba o se jugaba a las cartas y a los dados. Las mujeres no tenían acceso a estos viriles recintos, porque su obligación era permanecer en casa.

zo significaba un nuevo miembro en la familia. Cuando los hijos nacidos alcanzaban el número sostenible, aun con las mayores privaciones y sacrificios, los nuevos retoños eran entregados a un monasterio o convento, recogidos por la casa señorial como futuro recambio del servicio, o si había suerte, por un artesano o aparcero bien situado para disponer con el tiempo de más mano de obra. Si no encontraban ubicación para el bebé, o éste presentaba alguna anomalía que lo haría inepto para el trabajo, los padres, como expresa la cita de más arriba, lo abandonaban en el bosque o en un páramo para que muriera de frío. En los otros casos, cuando el chico o la chica habían crecido, afrontaban el mismo destino gris y amargo de sus antecesores. Y así ocurría de generación en generación.

Los usos de la familia campesina

Un joven campesino que buscara novia no tenía demasiadas opciones para encontrarla. Su tiempo libre era muy escaso y apenas daba para comer, dormir, asistir a la iglesia y de vez en cuando dar un paseo andando por los alrededores. Por lo tanto eran muy frecuentes los casamientos entre primos o vecinos, aunque también se entablaban noviazgos en las ferias o a la salida de las misas. Si las familias estaban de acuerdo y ambos padres daban su autorización, la boda se celebraba modestamente en la parroquia o iglesia más cercana, y se festejaba sin grandes dispendios.

La pareja pasaba a vivir en la casa familiar del esposo, no sólo porque no tenía medios, sino porque las viviendas campesinas eran en primer lugar pequeñas unidades de producción agraria, y en segundo lugar una comunidad de ayuda mutua que reunía a tres generaciones. El padre era el amo indiscutido, tanto en la organización y distribución de las labores rurales como en los asuntos de familia y en la administración de gastos e ingresos, aun cuando ambos eran mínimos. Los hijos varones constituían la principal fuerza en las faenas rurales, aunque las mujeres y niños mayores también intervenían en las siembras y las cosechas.

La madre y las hijas solteras o casadas llevaban la parte más pesada, ya que se ocupaban de las tareas domésticas, trabajar en la huerta, alimentar a los animales de granja, coser las ropas para todos y confeccionar el calzado. En todo esto colaboraban los niños a partir de los cuatro o cinco años, con lo que vivían una infancia con más obligaciones que juegos o travesuras. A partir del destete eran criados y atendidos un poco entre todas las mujeres, y el patriarca tenía más autoridad sobre ellos que el propio padre. Las ventajas de esa amplio conglomerado familiar no se apreciaban sólo en compartir trabajos y obligaciones, sino también en el ahorro que significaba una vivienda común y una economía única, y la colaboración y solidaridad en casos de accidentes, enfermedades o catástrofes.

El establo en el comedor

Como ha ocurrido en toda la historia humana desde el descubrimiento del fuego, el hogar era el centro de la vivienda y la vida familiar. Como era también ancestral, las mujeres se ocupaban del encendido y mantenimiento del fuego, aunque algún hombre se ofreciera a traer la leña. La chimenea, necesariamente de piedra o ladrillo, se situaba en el centro de una pared de la estancia principal, y servía tanto para dar calor como para colgar un puchero sobre el fuego o asar carnes y verduras en las brasas. En la Alta Edad Media, esa estancia con chimenea era la única, y quizá por eso el hogar llegó a ser sinónimo de la casa familiar. Entre esas cuatro paredes con una sola puerta y alguna pequeña ventana, vivían, comían y dormían todos los miembros de la familia y, en ocasiones, el ganado (que por suerte era bastante reducido). También se destinaba un espacio considerable a almacén del grano. Los habitantes se apretujaban en ese ámbito maloliente y sombrío, en el que

el humo competía con el aliento humano y animal para enrarecer el poco aire de que disponían.

En las zonas montañosas las casas podían ser de piedra, y en las zonas boscosas eran de madera; pero en los valles y llanuras, que acogían las tierras más fértiles y por lo tanto concentraban el mayor número de familias campesinas, debían construirse con ladrillos de adobe (mezcla de barro y paja secada al sol) sostenidos por una estructura de troncos y ramas que se cubría con un techo de paja. La única ventaja de este sistema era que conservaba bien el calor, pero por lo demás las paredes resultaba frágiles; el techado era nido de mugre, insectos venenosos y roedores infecciosos muy difíciles de erradicar, y todo era absolutamente inflamable. Probablemente no fue escaso el rol que jugaron estos materiales en los incendios y epidemias que asolaron el Medievo.

El mobiliario era el estrictamente necesario y, generalmente, de fabricación casera. El mueble principal era la mesa, ubicada frente al hogar y lo suficientemente grande para que cupieran todos. Los comensales se sentaban en largos bancos sin respaldo, que también servían para las tareas que era preferible cumplir sentados, o para echarse una siesta al calor del fuego. La alacena consistía en unas rústicas baldas colgadas de las paredes. No se conocían las camas, que de todas formas no hubieran cabido, y para dormir se echaba paja en el suelo o en el mejor de los casos se rellenaba con ésta un jergón.

Cuando se despertaban al alba, los campesinos vestían ropas bastas, que por su condición de siervos debían ser negras o grises. Los tejidos eran hilados y confeccionados en telares caseros por las mujeres, que también cosían las prendas. Éstas consistían en una túnica, larga para las mujeres y corta para los hombres, unos calzones sostenidos con un cinturón, y unos bastos zapatos de cuero atados sobre el tobillo. Para el verano, las túnicas eran de manga corta o directamente sin mangas, y en el invierno llevaban mangas largas y se completaban con un sombrero encapuchado. Si el frío era muy severo, se envolvían los pantalones con retales, amarrándolos con cintas de cuero o cordeles. La difusión de la industria y del comercio de paños, así como la imitación de la naciente burguesía, motivaron que, poco a poco, esa monótona y sucinta vestimenta adquiriera más variedad y colorido.

A partir del siglo XII, el auge de la construcción, las mejoras en los transportes y el crecimiento de las ciudades, trajeron algunas mejoras en las viviendas campesinas. La erección de catedrales y residencias burguesas aportó piedras y maderas provenientes de canteras y bosques distantes, y las casas comenzaron a construirse con esos materiales, apoyadas sobre pilares que les daban más consistencia y las aislaban de la humedad del suelo. Se generalizó también el hogar con chimenea propiamente dicha, o sea con salida al exterior, ya que hasta entonces el humo escapaba lentamente y nunca del todo filtrándose entre la paja del tejado. Se agregaron dos estancias separadas de la casa, el establo y el granero, e incluso una segunda habitación, aislada del humo de la chimenea y el olor de las comidas. Esa estancia complementaria ofrecía una mayor privacidad, por lo que acostumbraban a ocuparla los padres, cediéndola en ocasiones a los enfermos, las parturientas, o —¡por fin!— a los recién casados.

A la hora de comer

En tiempos tranquilos y sin calamidades, la familia campesina no comía tan mal, dada la variada producción propia. El pan estaba siempre presente; se llevaba en el morral, con un poco de aceite y ajo o cebolla cuando se iba a laborar en el campo; y se tomaba en la mesa acompañado de otros alimentos llamados el *companagium* (término del que proviene la voz «companaje»). Éste se componía de hortalizas y verduras, con algún bocado de queso o fiambre. Aparte del agua o la leche, las bebidas alcohólicas habituales eran dos: el vino, en las regiones meridionales, y la cerveza, en las zonas más frías del norte. Para ocasiones especiales se reservaba una botella de licor de hierbas de alta graduación, elaborado por monjes benedictinos, cartujos o trapenses, cuyas recetas se guardaban celosamente en los respectivos monasterios.

La huerta proporcionaba coles, nabos, judías, guisantes y lentejas, así como manzanas, peras y ciruelas; las cerezas y fresas se recogían silvestres. En la granja se criaban cerdos, conejos, gallinas y patos, a lo que hay que agregar algunas piezas de caza menor y peces de ríos o arroyos, cuando los había. Las aves de corral proporcionaban los huevos; y la vaca, porque generalmente era sólo una pero casi infaltable, ofrecía leche y sus derivados, mantequilla y queso, que se elaboraban en casa, así como los embutidos o fiambres.

¿Por qué se dice entonces que pasaban hambre, con toda esta comida a su disposición? En primer lugar, porque eran escasas las familias que producían todos los alimentos que se acaban de enumerar. No todo el mundo disponía de esa variedad de productos, y ni siquiera su producción era regular y suficiente. No obstante, como se ha dicho, la producción propia de alimentos solía bastar para subsistir, al menos en teoría, pero era muy sensible a los fenómenos climáticos y las agresiones humanas.

En las guerras e invasiones, un importante recurso táctico era incendiar los sembrados y matar los animales del adversario, arrasando las viviendas, granjas y huertas campesinas. Los castillos enemigos y las poblaciones fortificadas se asediaban después de destruir sus recursos alimenticios y envenenar los cursos de agua con cadáveres y excrementos, hasta que se rendían por hambre y sed. Si a eso añadimos la fragilidad de los cultivos ante la falta o exceso de agua y los rigores del calor o del frío, era raro el año en que el ciclo agropecuario se completaba sin sobresaltos y alcanzaba su plena capacidad de producción.

Los cambios que se produjeron en la Baja Edad Media afectaron también a la producción agraria. Las rutas hacia el Lejano Oriente abiertas por los comerciantes en sedas y especias, trajeron el arnés pectoral para los caballos de

tiro, literalmente un invento chino. Al tirar con el pecho, el animal arrastraba la carga con todo el cuerpo, en lugar de sólo con los músculos del cuello, lo que, además, le dificultaba la respiración y con frecuencia lo derribaba por asfixia. Se pudieron así emplear carros más grandes y más pesados para cargar la mies, o hacer más rápidos los carruajes livianos que transportaban herramientas, aperos, o animales y productos de granja. Otro adelanto semejante fue el yugo frontal para los bueyes, que, además, facilitó la unión de sus fuerzas cuando tiraban en yunta. Se generalizó asimismo el uso del arado con ruedas y reja inclinada, y de herraduras para proteger los cascos de los caballos en terrenos pedregosos. La molienda adoptó los molinos de agua, instalados junto a ríos y arroyos, mientras que en zonas de vientos constantes, como la península Ibérica y los Países Bajos, prosperaron los molinos de viento. Ambas técnicas fueron traídas de Oriente Medio en el intercambio promovido por las cruzadas. En realidad casi todas estas «novedades» eran ya conocidas y utilizadas en la Antigüedad por los pueblos orientales, y su

EL MILAGRO DE LA PATATA

El hambre fue prácticamente endémico en Europa a lo largo de toda la Edad Media, y sólo pudo superarse en el siglo XVI con la introducción de un alimento americano llamado papa o patata. Cultivada por los incas en el altiplano andino, la patata fue traída a Inglaterra por el navegante británico sir Walter Raleigh, que también introdujo el tabaco. Su primer éxito fue acabar con las eternas hambrunas de Irlanda, y pronto se propagó también por el continente. Al ser un tubérculo que crece bajo tierra, estaba a salvo de las heladas, los temporales, los incendios y los pisoteos de la caballería. Permitía diversas cocciones, era muy nutritiva por su considerable contenido proteico, y más sabrosa que el nabo de origen europeo. A partir de entonces las patatas hervidas o asadas reemplazaron al pan como plato básico del campesinado, aún en épocas de gran escasez de otros alimentos.

desconocimiento en Europa se debió al primitivismo y aislamiento de ésta a partir de las invasiones bárbaras y durante la conquista musulmana.

El rendimiento de la tierra sufrió un cambio espectacular con la introducción del sistema de rotación trienal en lugar del bienal empleado en la Alta Edad Media. Con el nuevo método, los terrenos cultivables se dividían en tres partes: una para la siembra de cereales de invierno, principalmente trigo y centeno; otra para cereales de primavera, como la avena y la cebada; y una tercera que ese año descansaba en barbecho. Estos usos se rotaban cada año entre las distintas parcelas, como en el sistema anterior, con la diferencia de que se había duplicado el terreno cultivado.

Sin embargo, esos apreciables avances técnicos en la explotación de la tierra no consiguieron hacer desaparecer la amenaza del hambre ni su periódica aparición en la historia medieval. Es más, las hambrunas más devastadoras, masivas y extendidas se produjeron después de esa modernización agraria, en los siglos XIV y XV. Quizá la principal causa fue el impresionante aumento demográfico que se inició en el siglo XII, cuya razón paradojal fueron las mejoras en las condiciones de higiene y salubridad de las viviendas campesinas, que disminuyeron apreciablemente la mortalidad infantil. Otra causa, resultado del auge de la burguesía, el comercio y los negocios, fue la aparición de acaparadores que al primer indicio de hambre compraban y almacenaban grandes cantidades de alimentos. Cuando la crisis se agudizaba, vendían esas reservas a quien podía pagar unos precios inalcanzables para la gran mayoría de la población.

A merced de la peste negra

El fantasma más apocalíptico que recorrió la Edad Media europea fue la peste. En un principio la población daba el nombre de peste a las epidemias infecciosas (y por lo tanto contagiosas) que aparecían cíclicamente a causa de las precarias condiciones de vida y la contaminación de las aguas y la comida. Esas enfermedades pestíferas no siempre eran mortales, y sus estragos se circunscribían a una determinada región, sin traspasar sus límites en razón del aislamiento de las poblaciones medievales.

Los progresos que se iniciaron en el siglo XII acabaron siendo infortunadamente responsables de lo que la historia recuerda como la «gran peste» o «peste negra», que arrasó la población europea dos siglos más tarde. Los avances que dieron lugar a ese desastre fueron los intercambios con Oriente y la mayor comunicación entre los reinos y regiones producida por el auge del comercio interno en Europa. Según se cree, el foco endémico de esa enfermedad se encontraba en la comarca china de Yunnan.

Allí la habrían contraído unos nómades mongoles, que la llevaron al Asia central hacia el año 1340. Poco después, una colonia genovesa de Crimea tuvo contacto con una tribu mongólica cuyos integrantes eran portadores del mal. En 1347, algunos marinos genoveses contagiados cruzaron el mediterráneo en dirección a un puerto del sur de Francia, posiblemente Marsella, donde la peste desembarcó junto con esos hombres, y sobre todo con las ratas que los habían mordido durante la travesía, y que eran excelentes transmisoras del contagio.

Al promediar 1348, la gran peste ya estaba asolando la mitad sur de Francia, Italia, los reinos peninsulares de Aragón, Castilla y Portugal; al año siguiente alcanzaba zonas meridionales de todo el Imperio Germánico y las islas Británicas. Unos meses después llegaba a Rusia y los países escandinavos, que hasta entonces habían visto la epidemia desde la barrera. En 1350, el mal se extendía desde Sicilia hasta Suecia, dejando una tétrica estela de sufrimiento y de muerte. Para colmo, su virulencia acompañó y agravó los perjuicios producidos por un fuerte declive económico, que había dejado a los gobiernos sin recursos y a los pobladores debilitados por el hambre.

La fatal enfermedad se manifestaba en dos variantes, ambas dolorosas y repulsivas. Una era la llamada peste bubónica, porque producía grandes bubones o bultos visibles en los ganglios linfáticos de las axilas, el cuello o las ingles. La otra, y aun más terrible, era la peste linfática, que sembraba el cuerpo del enfermo de unas placas sangrantes de color azulado muy oscuro, por lo que en la época se la bautizó como «peste negra» o «muerte negra». Cuando remitieron sus últimos ramalazos, en 1375, había dejado millones de muertos, y un profundo desaliento en los que debían, pese a todo, seguir adelante.

Mercaderes, artesanos y estudiantes

En el amplio espacio vacío que en la Edad Media separaba socialmente a la nobleza feudal de los campesinos, se incrustaron de pronto nuevos colectivos que acabarían cuestionando aquella profunda dicotomía. El más antiguo estaba formado por los artesanos, presentes en las comunidades humanas desde los tiempos más remotos, que en los siglos XII y XIII pasaron del taller familiar a una serie de industrias, en especial las relacionadas con la producción y tratamiento de telas y paños, que en ciertas zonas llegaban a emplear cerca de la mitad del total de trabajadores activos. Tampoco el comercio era una actividad novedosa, pero su notable expansión y diversificación multiplicó el número de mercaderes, así como el de trabajadores, servicios e instalaciones relacionados con su actividad. Finalmente, la difusión de las universidades hizo que los estudiantes constituyeran un nuevo y activo componente de la sociedad medieval, y los claustros fueran semilleros de nuevas e ideas y controversias intelectuales.

Estas comunidades en ascenso se instalaban en los burgos, o poblaciones fortificadas que fueron germen de futuras ciudades, y por esa razón a sus integrantes se los llamó «burgueses» y a su conjunto «burguesía». El término no abarcaba sólo, como suele creerse, a mercaderes y fabricantes enriquecidos, sino a todas aquellas personas y actividades que no pertenecían al ámbito agrario ni a la nobleza, con diversos niveles de situación económica.

A caballo entre los siervos de la gleba y la baja nobleza rural, la burguesía se formó con una tendencia natural a rechazar la pobreza y aspirar a la aristocracia, o al menos a imitar sus usos y costumbres. No obstante fue desarrollando también una especie de ideología propia, consistente en una nueva valoración laica de la riqueza ligada a la seguridad, el bienestar y el disfrute. Para lograr este objetivo no vacilaba —al menos teóricamente— en impulsar todos los cambios que fueran necesarios, tanto en la economía como en la política o la sociedad, y en las ideas que las regían. Su papel transformador fue fundamental en el segundo tramo del Medievo, y continuó más tarde en el desarrollo intelectual y artístico o en la actividad política.

El atractivo de las ciudades incidió en la disminución de la población campesina, cuyos jóvenes proporcionaron la mano de obra a los nuevos comercios y fábricas, o se apuntaron a los diversos servicios complementarios de estas actividades (mesoneros, transportistas, repartidores, mozos de cuadra, cocineros, cargadores, etc.). Las autoridades municipales, constituidas para administrar los burgos, sustituyeron los tributos de los señores por impuestos más equitativos, ajustados a los servicios que brindaba el municipio a sus habitantes; al tiempo que obtenían del rey las leyes que liberaban de la esclavitud a quienes se hicieran residentes urbanos. Como también refleja la cita que abre este capítulo, la familia rural sufrió una disminución crítica en su fuerza de trabajo, y sobre todo en su capacidad de recambio generacional. La producción de los siervos de la gleba disminuyó a menos de la mitad, y muchos aparceros dejaron de pagar sus arriendos. Ambos fueron golpes abrumadores en la línea de flotación del sistema feudal, que los grandes burgueses acabaron de hundir aliándose con las monarquías existentes y emergentes en sus enfrentamientos con la Iglesia y la nobleza para reunir bajo la corona los territorios feudales.

Los burgueses en su burgo

El viajero que llegaba a una ciudad medieval podía entrar en ella por las dos o más puertas fortificadas que jalonaban la alta muralla circundante y se abrían a los caminos que llevaban a ciudades vecinas y, como dice el refrán, en última instancia, a Roma. Las estrechas y retorcidas callejas trazadas en la Alta Edad Media sin orden ni concierto, según se iban acumulando las viviendas, se veían a menudo arrinconadas por nuevos barrios más ordenados, diseñados por los arquitectos de las catedrales. No obstante, los castillos y monasterios típicos del feudalismo permanecían en el recinto, o pegados a sus murallas. Algunas calles fueron pavimentadas con losas o adoquines, y se abrieron zanjas cubiertas con tablas para formar una elemental red de desagües.

El centro de las actividades era la plaza mayor, generalmente frente a la iglesia o la catedral diocesana, si ese era el caso; y su momento culminante el día de feria (en el cual, como su nombre indica, no se trabajaba). El mercado se disponía en paradas o puestos que formaban hileras en cruz, entre las cuales bullía una multitud variopinta y bulliciosa. Allí se compraban los productos de huerta y granja, traídos por los campesinos de las tierras aledañas; o los enseres domésticos, ropas, calzado, adornos, herramientas, muebles, vajillas, golosinas y chucherías que ofrecían los artesanos. Éstos solían instalar sus talleres en los alrededores de la plaza, y con frecuencia agrupando los oficios por calles, que recibían el nombre del gremio correspondiente. Había así la calle de los armeros, carniceros, panaderos, cereros, herreros, zapateros, plateros o sastres; mientras que los talleres o fábricas que necesitaban más espacio y personal, como las tonelerías, curtiembres, hilanderías y cervecerías, se ubicaban en el arrabal, pegadas al perímetro de las murallas. Las tiendas y comercios no tenían nombre ni letrero, ya que la mayor parte de la clientela era analfabeta. Lo usual era colgar de la fachada, junto a la puerta, una imagen alegórica de madera o metal que representara la mercancía o servicio que ofrecían.

Al compartir actividad y vecindad, los comerciantes y artesanos tendieron naturalmente a formar asociaciones gremiales. En tanto eran ellos los mayores protagonistas del crecimiento y desarrollo de las ciudades, su gremios alcanzaron un poder paralelo al de las autoridades y una influencia decisiva en las decisiones que afectaban al conjunto. En algunos casos, llegaron a derribar consejos municipales que no les satisfacían o no les obedecían, e incluso hubo episodios de enfrentamiento con la propia Corona. También había momentos en que los burgos se armaban para defender su burgo de invasores foráneos.

Aparte de este conglomerado, que podríamos considerar el más numeroso y popular, estaban los grandes burgueses, que ocupaban rumbosas residencias en zonas privilegiadas de la ciudad. Estos ricos señores no se sentaban frente a una mesa de artesano, no ponían parada en el mercado, ni abrían una tienda minorista. Su actividad eran los grandes negocios que traían las nuevas rutas comerciales y el florecimiento económico. Por ejemplo, el comprar cargamentos enteros a las caravanas, o directamente organizarlas y financiarlas; adquirir a bajo precio la producción completa de viñas y cultivos antes de la recolección; almacenar y distribuir todo tipo de productos; y, en general, correr riesgos limitados que proporcionaban pingües ganancias.

Eran también ellos los que acaparaban grandes existencias de grano, vino, y otros productos no perecederos al por mayor, para venderlos a precio de oro al menudeo en épocas de hambre o de epidemias.

Fue lógico que esos afortunados especuladores formaran asociaciones entre ellos, en un primer nivel, por actividad y, más arriba, en forma de alianza entre ciudades o regiones. Estas coaliciones burguesas se enfrentaron a los gremios artesanales por cuestiones de salarios, precios y condiciones de trabajo, inaugurando de algún modo la tradición de conflictos y acuerdos entre la patronal y los sindicatos.

Las familias de la alta burguesía imitaban la vestimenta, las modas, usos y estilos aristocráticos de la nobleza, y se desvivían por tener trato con ella o ser invitados a sus fiestas y cacerías. En un principio, la barrera siguió siendo infranqueable, pero cuando los señores feudales fueron perdiendo prestigio y fortuna por el declive de su poderío, empezaron a aceptar el roce con los burgueses, luego a abrirles sus castillos y, posteriormente, a acordar matrimonios de conveniencia, ya no por blasones y títulos, sino por riquezas que superaban largamente las suyas propias. Finalmente, algunos burgueses, por esos flamantes lazos de sangre o por dinero contante y sonante, llegaron a ser propietarios de buena parte de las tierras feudatarias. Aunque eso sí, dejando a los aristocráticos vendedores seguir ocupando sus castillos y residencias. Ya a comienzos del siglo XV, muchos hijos de la nobleza estaban al servicio de la burguesía con cometidos semejantes a lo que hoy llamaríamos relaciones públicas y publicidad encubierta. Hubo incluso burgueses encumbrados que se permitieron financiar a los monarcas para reflotar las arcas de la Corona y evitar que el reino entrara en quiebra.

Picardías y filosofías universitarias

El tercer estamento de la burguesía se paseaba en el límite entre ésta y la marginalidad. La mayor parte de los estudiantes eran burgueses por nacimiento y crianza, pero desaprensivos y rebeldes en su talante y comportamiento. Bullangueros y gregarios, formaban temibles pandillas que se burlaban de todo y de todos, adoptando como única actividad honrosa la persecución de mesoneras, sirvientas y maritornes, ya fueran doncellas, casadas o viudas. Los estudios podían llevarles interminables años, en los que lucían su desparpajo y festejaban sus locas andanzas. Aunque como el licenciado Vidriera, por citar otra vez a Cervantes, «más tenían de bellacos que de locos».

Aparte de las gamberradas de su estamento estudiantil, las universidades fueron un elemento esencial en el salto intelectual y cultural que tiene lugar en la Baja Edad Media. El origen de la mayoría de ellas fueron las antiguas escuelas diocesanas y abaciales que impartían el *studium generale*, pero las nuevas instituciones educativas eran laicas, creadas y gobernadas por el claustro de profesores o, en algún caso, por los alumnos.

Aunque en Bolonia existía ya, desde el siglo XI, una universidad civil especializada en derecho, el gran florecimiento de la vida universitaria se produce en el siglo XIII, con la fundación de las de Salamanca (1210), Oxford, París (La Sorbona), Cambridge o Padua, entre la veintena que fueron creadas antes de 1250. En lo que restaba de esa centuria y en la siguiente, la fiebre universitaria se extendió por toda Europa con la fundación, entre otras muchas, de las universidades de Lisboa y Coimbra en Portugal; y las de Praga, Buda (hoy Budapest) o Cracovia, en el este europeo.

En su funcionamiento, las universidades de la Edad Media no se diferenciaban demasiado de las actuales (o mejor dicho, éstas siguen más o menos en lo mismo). El máximo órgano de gobierno era el claustro de profesores —que podía incluir a representantes de los alumnos—, y éste delegaba la autoridad ejecutiva en un rector elegido de entre sus miembros. La universidad medieval se financiaba con las matrículas de los estudiantes, las donaciones de particulares, y las ayudas públicas de los Ayuntamientos o de la Corona; lo que también se asemeja bastante a las altas casas de estudios de la actualidad.

UN FINAL PARADÓJICO

Al calor de las universidades y su laicismo, la Baja Edad Media siguió madurando hasta caer en el Renacimiento. La historia suele fechar la partida de defunción del Medievo en 1454, año en que la Constantinopla bizantina cayó en poder de los turcos. El mencionado periodo siguiente significó una revolución intelectual, artística, política y moral, inspirada paradójicamente por un salto retrógrado hacia la recuperación de los filósofos, poetas y autores clásicos. La segunda paradoja fue que en gran medida esos textos pudieron recuperarse gracias a factores que la sociedad medieval desdeñaba, envidiaba u odiaba: los silenciosos y anónimos monjes copistas de los *scriptorium* abaciales; los cultos y refinados árabes de Al-Andalus; los inquietos y despreciados mercaderes que iban y venían de Oriente y los eruditos y perseguidos traductores judíos. Todos ellos mantuvieron la luz en la llamada «época oscura», deslumbrada por el resplandor de las catedrales góticas.

Localización de imágenes